W0066197

Alle Kinderbuchfiguren haben ihr spannendes Schicksal, oft genug sogar ein lebendes Vorbild. Dietmar Grieser, der bewährte literarische Spurensucher, hat auf siebzehn Reisen in europäische und außereuropäische Länder Erstaunliches zutage gefördert: vom »echten« Mädchen Heidi, das Maiali geheißen hat, bis zum wirklichen Paulinchen, das nicht in den Flammen seiner Zündhölzer, sondern an Lungenschwindsucht gestorben ist. In der Nähe New Yorks hat er jenes Versteck ausfindig gemacht, in dem der Kleine Prinz das Licht der Welt erblickt hat, und im Staate Nebraska die Ortschaft Winnetoon, der Karl Mays Superheld seinen Namen verdankt. Pinocchio ist er in die Toskana nachgereist, und das Zwieselchen hat er sogar noch lebend angetroffen. Wer hätte gedacht, daß aus dem Tunichtgut Huckleberry Finn in späteren Jahren ein hochgeachteter Friedensrichter geworden ist und daß dem Urbild von Alice im Wunderland zum Dank der Ehrendoktor verliehen wurde, daß Ellis Kauts Pumuckl aus den Zufälligkeiten eines Winterspazierganges und einer Wortspielerei entstanden ist und Max und Moritz in Wirklichkeit Wilhelm und Erich hießen.

Wer gern einen Blick hinter die Kulissen tut, um die geliebten Kinderbuchfiguren einmal anders kennenzulernen, dem wird Dietmar Griesers Buch eine faszinierende Lektüre sein.

Von Dietmar Grieser liegen folgende Bände im Insel Verlag vor: Goethe in Hessen. Auf den Spuren lebendiger Goethe-Tradition; Mit den Brüdern Grimm durch Hessen (beide Bände in der »Hessen-Bibliothek«); Wiener Adressen. Ein kulturhistorischer Wegweiser mit Straßenplänen und Fotos (insel taschenbuch 1203).

insel taschenbuch 1313
Dietmar Grieser
Die kleinen Helden

Die kleinen Helden

von Dietmar Grieser
Kinderbuchfiguren und ihre Vorbilder
Mit zahlreichen Abbildungen
Insel Verlag

insel taschenbuch 1313
Erste Auflage 1991
Insel Verlag Frankfurt am Main und Leipzig
© 1987 by Albert Langen · Georg Müller Verlag GmbH,
München. Wien
Lizenzausgabe mit freundlicher Genehmigung des
Albert Langen · Georg Müller Verlags, München. Wien
Hinweise zu dieser Ausgabe am Schluß des Bandes
Vertrieb durch den Suhrkamp Taschenbuch Verlag
Umschlag nach Entwürfen von Willy Fleckhaus
Satz: MZ-Verlagsdruckerei GmbH, Memmingen
Druck: Nomos Verlagsgesellschaft, Baden-Baden
Printed in Germany

1 2 3 4 5 6 – 96 95 94 93 92 91

Der gute Kinderbuchautor hat den übrigen guten Schriftstellern eines voraus, und nur dies ist entscheidend: Er steht in unzerstörtem und unzerstörbarem Kontakt mit der eigenen Kindheit.

Erich Kästner

Inhalt

Vorwort

Kaum ein Interview, in dem Astrid Lindgren nicht die nun schon bald ein halbes Jahrhundert alte Geschichte erzählen muß, wie es zur Figur der Pippi Langstrumpf gekommen ist. Es war im Jahr 1941, ihre sieben Jahre alte Tochter Karin lag mit Lungenentzündung im Bett, regelmäßig vorm Einschlafen quengelte sie: »Erzähl mir was!« Und die geplagte Mutter tat, wie ihr geheißen. Allmählich aber ging ihr der Stoff aus, und so fragte sie eines Abends, ziemlich ratlos, zurück: »Ja, was soll ich dir denn erzählen?« Antwort der Patientin: »Erzähl mir was von Pippi Langstrumpf!« Aus einer seiner bizarren Fieberphantasien aufwachend, hatte das Kind just in diesem Augenblick den drolligen Mädchennamen erfunden. Und die ihrerseits phantasiebegabte Frau Lindgren, statt sich viel nach der komischen Person zu erkundigen, fing einfach an zu erzählen (und setzte das einmal begonnene Werk auch an den folgenden Tagen fort). Das ruppige, sommersprossige Ding, das mit Erfolg den Kampf mit den uneinsichtigen Erwachsenen aufnimmt, gewann zunehmend Eigenleben, gehörte bald ganz zum Haus, auch Karins Spielkameradinnen fanden an ihm Gefallen, und so schrieb Astrid Lindgren, als sie drei Jahre später, nach einem Sturz bei Glatteis, selber eine Zeitlang ans Bett gefesselt war, die Pippi-Langstrumpf-Geschichten im Stenogramm nieder, um sie ihrer Tochter zum bevorstehenden Geburtstag auf den Gabentisch zu legen. Und da sie dabei am Schreiben Gefallen gefunden hatte, fertigte sie von der Reinschrift einen Durchschlag an und schickte das Manuskript an den Verlag Rabén & Sjögren, der gerade einen Autorenwettbewerb für Mädchenbücher ausgeschrieben hatte. Astrid Lindgren gewann den zweiten Preis, und Pippi Langstrumpf, der Fiebergeborenen, öffneten sich die Tore zur Welt.

In die Entstehungsgeschichten der großen Erfolge – von Mickey Mouse bis Coca-Cola – schleichen sich leicht anekdotische Pointierungen ein; die Vita der Erfinder und Entdecker verleitet zu jener verbrämten Darstellung, für die die Franzosen den Begriff »biographie romancée« geprägt haben. Auch in der Genealogie der berühmten Kinderbuchfiguren wird gern geflunkert. Je spektakulärer sie reüssierten, desto üppiger blühen die Legenden um sie, in desto kräftigeren Farben werden Zeugung und Geburt gemalt (und ausgemalt). Übertreibung mittels Untertreibung: Seht her, aus welchem Nichts sich der Prachtkerl entwickelt hat, aus welch banalem Anlaß, welch lachhaftem Zufall. Nur – es gibt ihn tatsächlich: diesen Zufall, diesen Anlaß, diesen biographischen Bodensatz. Kaum einer der populären Kinderbuchcharaktere, der im luftleeren Raum entstanden, der nüchternem Kalkül entsprungen, der am Reißbrett entworfen worden wäre. Fast alle haben sie ihr Schicksal – und oft genug sogar ein lebendes Vorbild, von dem sie inspiriert worden sind. Von solchen Vorgängen, von solcher Ahnenforschung soll in diesem Buch die Rede sein. Und zwar nicht, um jenen, die an die Omnipotenz der schriftstellerischen Erfindungsgabe glauben, ihre Illusion vom alltagsentrückten Schöpfungsprozeß zu zerstören, sondern um jenen anderen, die gerne einen Blick hinter die Kulissen tun, den geliebten Gegenstand noch näherzubringen.

Als der Engländer Hugh Lofting – im Ersten Weltkrieg als Kavallerist bei den Irish Guards – an der flandrischen Front kämpfte, setzte ihm das Elend der verletzten, der angeschossenen, der blinden Pferde seiner Einheit so sehr zu, daß er sich in Briefen an seine in den USA lebenden Kinder Erleichterung zu verschaffen suchte: Er ersann die Gestalt des »Doctor Dolittle«, der sich ganz von den Menschen ab- und den Tieren zuwendet. Jahre später, selber verwundet, aus dem Militärdienst entlassen und wieder im Kreise seiner Familie, holte er die selbstillustrierte Kriegskorrespondenz von damals hervor und arbeitete sie zu einem Buch um: »The Story of Doctor Dolittle«. Zwölf Bände wurden es nach und nach.

Emmy von Rhodens vielkopierter »Trotzkopf« ist den Internats-Tagebüchern ihrer eigenen Tochter entsprossen, Lewis Carrolls »Alice im Wunderland« läßt sich als Huldigung eines zur Sublimierung seiner exzentrischen Neigungen verhaltenen Pädophilen interpretieren, Saint-Exupérys »Kleiner Prinz« verdankt seine Existenz den Frustrationen des amerikanischen Exils. Als Selma Lagerlöf auf Geheiß des schwedischen Lehrerverbandes »Die wunderbare Reise des kleinen Nils Holgersson mit den Wildgänsen« schrieb, blickte sie, wie sie später offen zugab, dem Verfasser der »Dschungelbücher« über die Schulter, und noch hinter solchen Kunstfiguren wie Pinocchio und Peter Pan, wie Pumuckl und Winnetou steckt handfest Selbsterlebtes. Tom Sawyer und seinem Freund Huckleberry Finn, Max und Moritz, Nonni und Heidi kann man sogar Schritt für Schritt »an Ort und

Stelle« nachgehen, auf der Alexander-Selkirk-Insel im Südpazifik (benannt nach jenem schottischen Seemann, der als Fünfunddreißigjähriger dem Schriftsteller Daniel Defoe in der »Red Lion Tavern« zu Bristol seine Lebensgeschichte, die Geschichte vom Abenteurer Robinson Crusoe, zu Protokoll gab) kann man Urlaub machen, Tante Frieda und dem brennenden Paulinchen kann man Blumen aufs Grab legen. Erich Kästner hat in »Pünktchen und Anton« seine Dresdner, Ferenc Molnár in »Die Jungen der Paulstraße« seine Budapester, Jules Renard im »Rotfuchs« seine burgundische, Ida Bindschedler in den »Turnachkindern« ihre Zürcher Kindheit aufgearbeitet, Werner Bergengruen im »Zwieselchen« seine Berliner, Marie Hamsun in den »Langerudkindern« ihre norwegische Elternschaft. Rudyard Kiplings »Kim« hat seine Wurzeln in jenen Waisenkindern, die im Indien der Kolonialzeit von britischen Regimentern »adoptiert« und für den »Secret Service« ausgebildet wurden, Hans Christian Andersen hat mit dem Märchen von der Nachtigall seiner unerfüllt gebliebenen Liebe zu der schwedischen Primadonna Jenny Lind ein Denkmal gesetzt, und die »Nesthäkchen«-Autorin Else Ury hat sich, mangels eigener Mutterschaft, im weiteren Familienkreise umgesehen. Wie man Synthetisches zum Leben erweckt, hat der Engländer Alan Alexander Milne vorexerziert, der sich von der Stofftiersammlung seines Söhnchens Christopher Robin zu den Gutenachtgeschichten um »Winnie-the-Pooh« anregen ließ, und die »Biene Maja« ist das Produkt einer Wette, die Waldemar Bonsels und sein um ein Jahr jüngerer Kollege Bernd Isemann schlossen. Es ging um den Nachweis, daß für den Erfolg einer Geschichte ausschließlich

deren Fabel ausschlaggebend sei, ihr »Held« könne
ebensogut ein Tier sein wie ein Mensch (und wenn ein Tier:
ebensogut eine Ameise wie eine Biene). Isemann, der Ver-
lierer der Wette, schrieb den Flop »Die Ameisenstadt«,
Bonsels den Weltbestseller »Die Biene Maja und ihre
Abenteuer«. Sozialkritisches hatte das Londoner Armeleutekind Charles Dickens im Sinn, als er von David Cop-
perfield und Oliver Twist erzählte; das Mädchen Perrine
aus Hector Malots Roman »Heimatlos«, einer Abrech-
nung mit den Auswüchsen der frühindustriellen Kinder-
arbeit, ist das französische (und weibliche) Gegenstück.

Zum 100. Geburtstag Karl Aloys Schenzingers im Jahr
1986 erschienen in einigen deutschen Zeitungen Würdi-
gungen des Autors. Zu gern hätte man bei dieser Gelegenheit erfahren, wie sein 1932 erschienener »Hitlerjunge Quex« entstanden ist: dieses üble Melodram vom
Berliner Tischlerlehrling Heini Völker, der, einer kom-
munistischen Berliner Arbeiterfamilie entstammend,
zum Nationalsozialismus »bekehrt« wird und für die
neue »Bewegung« den »Märtyrertod« stirbt. Doch die
Herren Laudatoren schwiegen sich darüber aus, unter-
schlugen den peinlichen Titel und gingen forsch zu so
Unverfänglichem wie dem Abenteuerbuch »Abitur am
Niagara« über und zu Schenzingers Sachbuch-Bestsel-
lern »Metall«, »Atom« und »Anilin«.

Das Thema dieses Buchs ist also bei weitem nicht er-
schöpft. Es kann, wie jedes dieser Art, nur Beispiele bieten. Ich habe siebzehn ausgewählt.

Nonnis Comeback

Jón Svensson: »Nonni«

Es waren die letzten Volksschuljahre. In meiner Klasse gab's zwei Fraktionen von ungleicher Stärke: die Karl-May-Leser und die Nonni-Leser. Ich gehörte der Minderheit der Nonni-Leser an, die von der Mehrheit der Karl-May-Leser immer etwas von oben herab behandelt wurde. Nonni – dem haftete das Odium des Brav-Biederen an; auch der Name der Titelfigur, obwohl nichts Klosterschwesterliches ausdrückend, sondern die isländische Koseform des markig-männlichen Vornamens Jón, war unter den präpubertären Lümmeln keine Empfehlung. Karl May – sein Name stand für großes Abenteuer und weite Welt, wir Nonni-Leser waren dagegen die Muttersöhnchen und Provinzler. Da half es wenig, daß auch unsereins auf atemberaubende Dramatik verweisen konnte: auf Ringen mit Naturgewalten, auf Kampf auf Leben und Tod. Da galt es Schneestürmen in den Bergen zu trotzen und Orkanen auf hoher See, da wimmelte es von angriffslustigen Polarbären und wildgewordenen Stieren, und gegen die reißenden Flüsse, die den kleinen Nonni zu verschlingen, oder die gewaltigen Eisberge, die ihn zu zermalmen drohten, erschien mir der Indianerspuk des Wilden Westens, der im Gegensatz zu den authentischen Abenteuern des Isländers Jón Svensson doch nur das Hirngespinst eines phantasiebegabten Kolportageautors war, langweilig und fad.

Auch das mit der sogenannten weiten Welt empfand

ich als Trug: Amerika war uns vom Kino her wohl-
vertraut, Besatzungsmacht und Care-Paket-Verwandt-
schaft taten noch ein übriges, und bald schon rüsteten
Vereinzelte sogar zum ersten Flug über den großen
Teich. Aber Island? Wer war je bis nach Island gekommen? Ja, vielleicht auf dem Weg in die USA – der leidige
Zwischenstop in Reykjavik. Flughafen-Büffet und Du-
tyfree-Shop. Ich bleibe also dabei: Wir Nonni-Leser haben es mit dem entschieden exotischeren Gegenstand zu
tun.

Auch ich mußte erst ein paarmal die Welt umkreisen,
bis sich mir diese Lücke schloß: Nach Island fährt man
nicht ohne schwerwiegenden Grund. Mein Grund hieß
Nonni. Und Akureyri, die Stadt im hohen Norden der
Insel, hieß mein Ziel.

Es gibt Länder – da stimmt gleich alles von Anfang an.
Island ist eines von ihnen. Schon im Flugzeug nach
Reykjavik werde ich eingestimmt: Von sechs Fragen des
»In-Flight-Quiz«, die mir die Bordzeitung zu lösen aufgibt, sind fünf literarischer Natur. Sie haben also – statt,
wie erwartet, mit Lachsfang und Heringshandel – mit
Autoren und deren Büchern zu tun, und sie sind alles
andere als leicht. Ich werde nach dem Namen jenes isländischen Vulkans gefragt, den Jules Verne für seine »Reise
zum Mittelpunkt der Erde« als Startplatz gewählt hat,
nach dem Autor des Spionageromans »Running Blind«,
dessen Handlung in Island spielt, nach dem Titel jenes
Island-Buchs, dem alljährlich am 11. November auf der
Polarkreis-Insel Grimsey mit einem eigenen Feiertag gehuldigt wird, nach dem isländischen Nobelpreisträger
Halldór Laxness, und auch mein Jón Svensson, der Au-

tor der Nonni-Geschichten, hat in dem ausgeklügelten Fragenkatalog seinen Platz.

Auf der knapp einstündigen Fahrt vom 45 Kilometer entfernten internationalen Flughafen Keflavik zum Stadtflughafen von Reykjavik, wo ich in die kleine Maschine nach Akureyri umsteige, sammle ich weitere Indizien für das hochgradig literarische Klima, das in Europas äußerstem Nordwesten herrscht: Das Saga-Hotel, eine der fünf Luxusherbergen der Hauptstadt, ist nach den berühmten mittelalterlichen Chroniken benannt, die der Kulturgeschichte der Insel ihren Stempel aufgeprägt haben, und die im Verhältnis zu den anderen Geschäftsbranchen auffällig zahlreichen Buchhandlungen deuten nicht nur auf eifrige Leseaktivität, sondern auch auf streng individuelle Bedienung – »Bókval« heißen sie in der Landessprache, da steckt unser schönes demokratisches Wort »Wahl« darin. Meine Sitznachbarin in der kleinen Fokker, mit der ich auf dem Vulkankrater und Lavafelder, Gletscher und Fjorde überquerenden Flug in den hohen Norden ins Gespräch komme, flunkert also wohl nicht, wenn sie von ihren Enkelkindern berichtet, die die Gutenachtgeschichten der Großmutter den vorfabrizierten Darbietungen des Kinderfernsehens vorziehen.

Für die Damen vom Wohltätigkeitsverein Zonta, zu dessen Aktivitäten auch die Pflege der Jón-Svensson-Tradition zählt, ist der Besuch eines österreichischen Autors im fernen Akureyri ein Ereignis von Seltenheitswert, das sorgfältigster Vorbereitung bedarf. Schon vor Antritt meiner Reise gehen zahlreiche Briefe hin und her, eine der monatlichen Zusammenkünfte der Klubdamen ist ausschließlich diesem einen Tagesordnungspunkt ge-

widmet. Da es sich bei allen – von der Apothekerin bis
zur Steuerberaterin, von der Stadtverordneten bis zur
Chef-Krankenschwester – um Frauen handelt, die fest
im Beruf stehen, wollen sie mir bei meinen Nonni-Re-
cherchen mit verteilten Rollen zur Hand gehen: eine erste Abordnung am Morgen, eine zweite am Nachmittag,
der Rest am Abend. Im Hotel, das ich zu später Stunde
erreiche, finde ich (als gemeinsame Verständigungsbasis
haben wir uns auf Englisch geeinigt) ein detailliertes »iti-
nerary« vor; der Gutenachtwunsch im Begleitschreiben
endet mit dem landesüblichen »bless«.

Solcherart mit dem »Segen« meiner rührend um mich
besorgten Gastgeberinnen versehen, bedürfte es gar
nicht der Nachricht von der bevorstehenden Nonni-Se-
rienverfilmung fürs Fernsehen, um mir meine Spurensu-
che in Sachen Jón Svensson schmackhaft zu machen.
Aber natürlich freue ich mich, allen, die das Thema
Nonni schon als antiquiert abqualifiziert hatten, entge-
genhalten zu können: Seht her, ich liege im Trend. Auch
die geduldige »Backlist« des Svensson-Stammverlags
Herder, die noch immer, dreiundsiebzig Jahre nach Erscheinen des ersten deutschen Nonni-Bandes, vier der
einst zwölf Titel enthält, und die beiden neuen Massen-
auflagen bei dtv bestätigen mir: Es ist rechtens und an der
Zeit, an Leben und Werk jenes 1857 auf dem nordisländ-
ischen Herrschaftsgut Mödruvellir als viertes Kind des
dortigen Amtssekretärs zur Welt gekommenen Jón
Svensson zu erinnern, der von seiner Familie »Nonni«
gerufen wurde, den seine frühverwitwete und mit
schweren Existenzproblemen ringende Mutter, dem
großzügigen Angebot eines philantropisch gesinnten

Aristokraten aus Avignon folgend, als Zwölfjährigen zum Studium nach Frankreich schickte, der noch auf der Zwischenstation Kopenhagen (wo ihn der unterdessen ausgebrochene Deutsch-Französische Krieg von 1870/ 71 ein Jahr festhielt) vom angestammten protestantischen zum katholischen Glauben übertrat, nach seiner Ausbildung am Collège de la Providence in Amiens sich dem Jesuitenorden anschloß, in Belgien Theologie und Philosophie studierte, in England zum Priester geweiht wurde, in Dänemark viele Jahre lang als Schulgeistlicher wirkte und mit fünfzig, als ihn ein chronisches Gichtleiden an seiner weiteren Berufsausübung hinderte, zu schreiben begann ...

»Nonni / Erlebnisse eines jungen Isländers, von ihm selbst erzählt« hieß sein erstes (und bis heute erfolgreichstes) Buch; »Sonnentage« und »Die Stadt am Meer« folgten 1915 und 1922; »Abenteuer auf den Inseln« und »Auf Skipalón« 1927 und 1928; und als 1930, zur Tausendjahrfeier des Althing, des isländischen Parlaments, der inzwischen Dreiundsiebzigjährige einem Ruf in seine Heimat folgte, um sich von dem fernen Inselvolk, das er mit seinen in über vierzig Sprachen übersetzten Werken in aller Welt bekanntgemacht hatte, ehren zu lassen, machte er auch aus dieser späten Wiederbegegnung noch ein spannendes Buch: »Feuerinsel im Nordmeer«.

Hatte Svensson bei seiner ersten Heimkehr (im Jahr 1894) die Insel noch hoch zu Roß bereist (und für die Strecke Reykjavik-Akureyri 17 Tage gebraucht), so entschied er sich diesmal für das bequemere Wasserflugzeug (das die Strecke in drei Stunden schaffte). Ja, reisen – das hatte er mittlerweile gelernt: Kaum ein Autor der ersten

Hälfte unseres Jahrhunderts ist so viel zu Lesungen und Vorträgen unterwegs gewesen wie dieser Pater Jón Svensson, der, als »Nonni« berühmt geworden, den Rufnamen seiner Kindheitsjahre auch als Greis nicht ablegte (was übrigens nicht nur mit seiner »trademark« zu tun hatte, sondern auch mit dem bis heute geübten Brauch der Isländer, einander mit dem Vornamen anzureden). Auf 4500 hat Svensson-Nonnis Biograph Hermann Krose die Zahl der von ihm bestrittenen Veranstaltungen geschätzt, und da ihn seine Lesereisen sogar nach Übersee geführt haben, nach Amerika wie nach Japan, haben ihm auch diese Erlebnisse den Stoff für ein Buch geliefert: den postum veröffentlichten Band »Nonnis Reise um die Welt«

Im Altersheim legte er letzte Hand an das letzte Manuskript: im Ignatiuskolleg in der südholländischen Stadt Valkenburg, das 1939 den Zweiundachtzigjährigen in seine Obhut genommen hatte.

Der ersehnte ruhige Lebensabend blieb ihm freilich versagt: Als im Juli 1942 ein Gestapo-Trupp das Kolleg beschlagnahmte und dessen Insassen binnen Anderthalb-Stunden-Frist auf die Straße setzte, begann für den maroden Greis eine bittere Odyssee von Krankenhaus zu Krankenhaus, die schließlich im Luftschutzkeller des Franziskus-Hospitals Köln-Ehrenfeld endete. Hier, wo der mittlerweile auch stark Bewußtseinsgestörte sich in der Kabine eines Ozeandampfers wähnte, starb Jón Svensson am 16. Oktober 1944; hier, in der Gemeinschaftsgruft der Jesuiten auf dem Friedhof von Köln-Melaten, wurde er bestattet; und hier, in Köln, erinnert an den unfreiwilligen Neubürger aus dem fernen Island sogar eine nach ihm benannte Straße: der Nonni-Weg im Stadtteil Ehrenfeld.

Jón Svensson und Nonni – die sind natürlich eins: ein Autor und sein literarisches alter ego. Kaum eine Kinderbuchfigur also, bei der die Frage nach dem Prototyp leichter zu beantworten, das Geheimnis des Urbilds geheimnisloser wäre. Auch für die Damen vom Zonta-Club Akureyri, die in diesen Belangen Spezialisten sind, ist die Sache völlig klar: Was in den Nonni-Büchern erzählt wird, ist wirklich geschehen. Jón Svensson, dieser geradlinig-biedere, tiefgläubig-naive Mann aus Islands Norden, dessen Vater, Abkömmling normannischer Edelleute, so penibel Tagebuch führte, daß die Landesbibliothek in Reykjavik sich entschloß, die sechs Folianten als zeitgeschichtliches Dokument in Verwahrung zu nehmen, und dessen Mutter von so starkem Gottvertrauen erfüllt war, daß sie ihren zwölfjährigen Sohn zwar tiefbewegt, doch frei von ernstlichen Bedenken zur Emigration auf den Kontinent freigab, war nicht der Mann, zu flunkern. Nur eines hat man natürlich in Rechnung zu stellen, wenn man die Nonni-Bücher (deren beschauliche Sprache dem heutigen Leser über weite Strecken altväterlich anmuten mag) auf ihren Realitätsgehalt überprüft: Svensson hat erst mit fünfzig zu schreiben begonnen. Da mag die Erinnerung – über einen derart großen Zeitraum hinweg! – so manches unscheinbare Kindheitserlebnis zum weltbewegenden Drama gesteigert, Harmlosigkeiten dämonisiert, die Dimensionen des Ganzen verzerrt haben. Dem Leser kann's nur recht sein: Erzählfluß und Spannung haben beide davon profitiert.

Das Nonni-Haus in Akureyri

Die Stadt Akureyri, mit ihren 14000 Einwohnern die drittgrößte des dünnbesiedelten Landes, liegt malerisch am Binnenende des 50 Kilometer langen Eyja-Fjords. Im Hafen sind die von Wind und Wetter lädierten Fischerboote vertäut, dazu ein paar Jachten und kleinere Frachtschiffe. Die auf flachen, baumreichen Hügeln hingebreitete Siedlung hoch überragend: die 1940 erbaute Kirche der Lutheraner, die nur über eine steile Freitreppe erreichbar ist. Das katholische Gegenstück ist nicht viel mehr als ein Erkerzimmer in einem der älteren Einfamilienhäuser in Hafennähe: Pfarrers gute Stube. Sechs Familien zählt die winzigkleine Gemeinde – der Konvertit Nonni wäre in seiner Kindheitsheimat nach wie vor in tiefster Diaspora.

Akureyri ist stolz auf sein eigenes Gymnasium, sein eigenes Theater, seinen Botanischen Garten, und wer eine gute Hausfrau ist, der dekoriert die straßenseitigen Fenster – nach Art der Holländer – mit hausgemachten Klöppelarbeiten und kunstvoller Stickerei. Die Mini-Glashäuser im Gärtchen hinterm Haus trumpfen trotzig auf: Überzeugt euch selbst, es stimmt einfach nicht, daß hierzulande nur Flechte und Moos gedeihen. Am Stadtrand die Heißwassertanks, die sämtliche Häuser mit Heizungsenergie versorgen, weiter draußen die Heringsfabriken, die Supermärkte, die Schiffswerft. Das Laxdal-Haus beim Hafen, eine tiefschwarz geteerte Holzkate mit putzigen weißen Fenstern, stammt aus dem Jahr 1795 und ist der älteste Bau von Akureyri. Das smarte Restaurant, das sich darin etabliert hat, ist so winzig, daß man es im Fall einer Tischreservierung am besten gleich komplett bucht. Ihm ähnlich, aber ein paar

Jährchen jünger, ist das Nonni-Haus draußen auf dem
Weg zum Flugplatz, das man als Svensson-Museum eingerichtet hat: Von hier ist im Sommer 1870 der Zwölfjäh-
rige in die Welt hinausgezogen. Und die abenteuerliche
Schiffsreise mit dem dänischen Segler »Valdemar« bil-
dete vierzig Jahre später, aus der Erinnerung wiederer-
zählt, den Auftakt der Nonni-Serie.

»Mit größter Spannung wartete ich auf die Ankunft des
Boten. Endlich eines Nachmittags kam er. Es war der
Schiffskoch, nicht viel älter als ich. Seine Mütze in der
Hand, grüßte er und sagte zu meiner Mutter: ›Kapitän
Foß läßt Ihnen melden, Ihr Sohn soll an Bord kommen,
wenn möglich jetzt gleich.‹
   Bei diesen Worten fühlte ich, wie sich meine Brust zu-
sammenschnürte, doch ließ ich mir nichts anmerken,
sondern fragte den Jungen ganz ruhig:
›Wann fahren wir ab?‹
›Noch heute nachmittag. Sobald du an Bord bist, lichten
wir die Anker.‹
Ich schaute die Mutter an. Unsere Blicke begegneten ein-
ander, doch nur eine Sekunde. Gott allein weiß, was ich
in diesem Augenblick litt ...«.

»Bernskuheimili Nonna« lese ich auf der Tafel, die an der
Schmalseite des Holzhäuschens angebracht ist: Nonnis
Kindheitsheim. Früher lag es dicht am Wasser, jetzt,
seitdem man den Fjord – der Flughafenstraße wegen –
ein wenig aufgeschüttet hat, ist es einen Steinwurf vom
Ufer entfernt. Dicht daneben, in der gleichen Holzbau-
weise gezimmert, eine Kapelle aus alter Zeit – sie findet

heute vorwiegend als Trauungsstätte Verwendung. Für einen eigenen Turm hat's nicht gelangt: Die im Freien baumelnde Glocke bimmelt über der Tür.

Hinüber ins Nonni-Haus. Im Erdgeschoß kann ich mich mit knapper Not aufrecht bewegen, nur beim Passieren der Türstöcke heißt es sich bücken. Oben die Schlafkammern; bei den acht Kindern, die die Svenssons hatten, ging es nicht anders als mit Ausziehbetten: tagsüber raumsparend ineinandergeschachtelt. Obwohl seit den vierziger Jahren nicht mehr bewohnt, kann man sich von den damaligen Lebensverhältnissen ein gutes Bild machen: Mutters Küchenkammer, Vaters Stehpult.

Auch das schriftstellerische Werk des Sohnes, der hier seine halbe Kindheit zugebracht hat, ist vorzüglich dokumentiert: Erstausgaben in rund 40 Sprachen. Illustrationsproben signalisieren Eingemeindung: Japan hat aus dem kleinen Isländer einen Japaner, China einen Chinesen gemacht. Die Nonni-Briefmarke wurde in der Schweiz gedruckt, der im Modell ausgestellte Nonni-Brunnen sprudelt in Köln. Nonnis erstes Foto: als Dreizehnjähriger in Dänemark, das übliche Gruppenbild mit Schulklasse. Daheim in Akureyri brauchte man sein Geld für Lebensnotwendigeres als eine Sitzung im Fotoatelier. Die erste Post aus der Fremde – an die Mutter daheim. Manni, der dem älteren Bruder einige Jahre später nach Frankreich folgt, schickt Zeichnungen vom Collège in Amiens – auf der Rückseite, aus Ersparnisgründen, gleich auch die brieflichen Mitteilungen. Dann Erinnerungsstücke aus Nonnis Priesterjahren: Ordensbrüder haben dem Museum sein Meßbuch, seinen Rosenkranz, sein Habit überlassen. Die Reisekiste mit der

Aufschrift »Literatur« und das Muster eines Veranstaltungsplakats (»Karten zu RM –,20 in der Herderschen Buchhandlung«) stehen für Pater Svenssons ausgedehnte Vortragstätigkeit. Ein Foto seines isländischen Übersetzers Gunnarsson Freystein: In den Jahren, da Nonni seine Bücher schrieb, ging ihm das Deutsche längst leichter von der Hand als die Muttersprache. Letztes Lebenszeichen: die vom Landeswirtschaftsamt Köln-Aachen ausgegebene Raucherkarte für den Monat August 1944. Und schließlich ein Brief an den großen Kollegen und Landsmann Halldór Laxness: Der Nobelpreisträger hat ihn anläßlich eines Besuchs im Nonni-Haus persönlich nach Akureyri mitgebracht.

Die Urkunde der Ehrenbürgerschaft, die 1930 seine Heimatstadt ihm verlieh, enthält den Namen Jón Svensson zweifach: Namensgleichheit von Kandidat und amtierendem Bürgermeister. Der Umstand hatte Folgen: Die umfangreiche, dem Autor zugedachte Verehrerpost aus aller Welt landete im Rathaus, wurde dort, da man in Akureyri über keinerlei Nachsendeadresse verfügte, jahrelang sorgfältig gehortet und dem richtigen Empfänger anläßlich der Entgegennahme der Ehrenbürgerschaftsurkunde persönlich ausgehändigt.

Man weiß, was man den Nonni-Pilgern, die von fern her nach Akureyri angereist kommen, schuldig ist: Bei Betreten des Nonni-Hauses zünden die Damen vom Zonta-Klub, die das Museum ehrenamtlich hüten, Altarkerzen an, und für die Kinder vom Ort veranstalten sie Führungen und Lesungen. Daß sie für die prämiierten Aufsätze, die die Schüler im Heimatkundeunterricht über den Besuch im Nonni-Haus schreiben müssen, keine Nonni-Bücher, sondern nur Souvenirteller mit der Abbildung des Hauses zur Hand haben, schmerzt sie, und so setzen sie seit Jahren alles daran, das Publikationsrecht für Island zu erwirken und eine eigene Edition der wichtigsten Svensson-Titel zu veranstalten. Daß Nonni-Bücher nach wie vor in zahlreichen Ländern im Handel sind, nur ausgerechnet nicht in seiner – an sich so lesefreudigen – eigenen Heimat, darf kein Dauerzustand bleiben. Das einzige bißchen Svensson-Literatur in isländischer Sprache, das am Souvenirstand des Nonni-Hauses zum Verkauf ausliegt, ist eine 50-Seiten-Broschüre über einen Exerzitienkurs, anno 1916 im österreichischen Feldkirch: »Wie ich den kleinen Zöglingen in der Stella matutina die Exerzitien gab«. Das mag den Besucher aus Vorarlberg, den es vielleicht einmal nach Nordisland verschlägt, entzücken – zur Popularisierung Jón Svenssons im – noch dazu weit überwiegend protestantischen – Island taugt es nicht.

»Am schwersten fiel mir der Abschied von meiner Geburtsstätte, dem großen Hof Mödruvellir im Hörgatal. Hier hatte ich meine schönsten Kinderjahre verlebt.« Der Weiler Mödruvellir, etwas nördlich der Stadt Akureyri auf derselben Seite des Fjordes gelegen, ist in wenigen Minuten mit dem Auto erreicht. Die Straße steigt leicht an; die Hügel ringsum, von denen in diesen frühen Herbsttagen die Schafe ins Tal zurückkehren, zeigen schon die ersten Spuren von Schnee. Ein Skifahrer, der für die bevorstehende Saison im nahen Wintersportzentrum trainiert, macht Trockenübungen auf der Asphaltpiste – die wenigen Autofahrer, die zu dieser Stunde unterwegs sind, lassen ihn nachsichtig gewähren.

Vom alten Gutshof, in dem Nonni zur Welt gekommen ist, steht nichts mehr, und auch was an dessen Stelle getreten ist, läßt sich mit einem Blick überschauen: eine staatliche Versuchsfarm für Rinderzucht und der Pfarrhof, von dem aus vier Kirchen mit 800 Seelen zu betreuen sind. Geschichtsträchtiger Boden: In der blitzsauberen weißen Holzkirche werden wertvolle alte Bibeln aufbewahrt, der schwere Safe ist doppelt gesichert. Svensson-Pilger sind in Mödruvellir keine Seltenheit; Werkkundige erkennt man daran, daß sie nach dem Verbleib jenes Steines fragen, dem der Knabe Nonni in Problemfällen seine Nöte anzuvertrauen pflegte. Neulich waren Filmleute da und drehten für eine Nonni-Dokumentation des Fernsehens – ein Glück, daß der Pfarrer eine kinderreiche Familie hat und einen vollen Pony-Stall: So konnte man die heutigen Nonnis und Mannis und Boggas für den vom Drehbuch vorgesehenen Ausritt in die umliegenden Berge gleich vom Fleck weg engagieren.

»Auf Skipalón« hieß einer der späteren Nonni-Bände – auch dieser Hof ist in nächster Nähe, das letzte Stück Strecke ist Schotterstraße, die überwältigend schöne Aussicht auf den Fjord ist nur geringfügig von den Anlagen einer Heringsfabrik verstellt. Zwischen Mödruvellir und Skipalón spielt jene hochdramatische Weihnachtsgeschichte, die Nonni mit knapper Not einem fürchterlichen Schneesturm und den Angriffen zweier hungriger Eisbären entrinnen läßt. Der greise Snorri Pétursson, der den kleinen Bauernhof heute bewirtschaftet, ehe dieser endgültig in die Obhut des isländischen Volkskundemuseums übergehen wird, zeigt mir die Überreste der Schmiede, die zu Nonnis Zeiten hier in Betrieb gestan-

den ist: Esse und Amboß, die Brandstempel der Schaf-
herden, das holzgeschnitzte Hauszeichen von 1824. In
der guten Stube dampft der frische Kaffee für den Gast,
die Vogeleiersammlung in der Wandvitrine ist sowohl is-
ländisch wie lateinisch beschriftet, das alte Kurbeltelefon
wurde erst kürzlich durch einen modernen Apparat ersetzt.

Auf dem Bücherbord beim Fenster drängt sich nicht
allzu vieles – ich brauche also nicht lange nach »Nonni«
zu suchen, ein Griff genügt. Es ist kein Alibi-Exemplar:
zerlesen, knapp vorm Zerfallen, da und dort ein Zettel eingelegt, Anstreichungen und Notizen. Man muß
schließlich gerüstet sein, wenn Besucher von weither an-
reisen und knifflige Fragen stellen. Einer von ihnen, ein
Svensson-Fan aus Bulgarien, kam gleich dreimal. Zuletzt
mitten im Winter, wo sich normalerweise kein Konti-
nentaleuropäer in diese Weltgegend verirrt. Bei ihm
war's Absicht: Er wollte den Nonni-Schauplatz Skipalón unbedingt »echt«, unbedingt bei Schnee und Eis erleben. Und die aufregenden Abenteuer seines kleinen Helden authentisch nachvollziehen: über den zugefrorenen
Fluß. Aber er hatte Pech: Das Eis blieb aus, und da
konnte ihm auch der gute alte Snorri Pétursson nicht aus
der Patsche helfen. Die Literatur ist in diesem Land eine
starke, eine bewegende Kraft. Launisch und dickköpfig.
Aber noch launischer und dickköpfiger ist in Island die
Natur.

Tante Else

Else Ury: »Nesthäkchen«

Als die Journalistin Christa Rotzoll in einer Rezension, deren Gegenstand ein neues Buch des englischen Bestsellerautors Eric Malpass ist, die Nesthäkchen-Romane erwähnt, beiläufig nur, löst dieser eine Nebensatz eine Flut von Leserzuschriften aus. Und zwar nicht zum Thema Malpass, sondern zum Thema Nesthäkchen. Die Schreiberinnen, vorwiegend reifere Damen, sind selig, an eines der beglückendsten Leseerlebnisse ihrer Jugendjahre erinnert zu werden. Erinnert und wohl auch rehabilitiert – denn über die Nesthäkchen-Bücher ist man gewohnt, höchstens hinter vorgehaltener Hand zu reden: antiquierter Jungmädchenkitsch, heile Welt anno Urgroßmutter, wilhelminische Traumfabrik. Die Männer haben es da besser: Zwar hat auch Karl May im Lauf der Zeit einige Schrammen abbekommen, aber es geht doch nie so weit, daß man sich seiner schämen, daß man die Lektüre seiner Bücher würde verleugnen müssen. Mit Nesthäkchen hingegen kann man keinen Staat machen – am besten, man läßt dieses heikle Kapitel Vergangenheitsbewältigung unter den Tisch fallen, macht es ungeschehen, löscht es aus.

Und da tritt nun – noch dazu auf dem Höhepunkt der Emanzipationswelle – eine renommierte Rezensentin auf den Plan und verkündet rundheraus: »Zu Nesthäkchen stehe ich!« Es ist wie ein Freispruch für eine ganze Generation. Frau Rotzoll, durch das unerwartet lebhafte

Echo aus der Reserve gelockt, holt also – in einem zweiten Schritt – zu näherer Begründung aus. Zuerst in einem Aufsatz in der »Zeit«, dann in einem Nachwort für die Ullstein-Taschenbuchreihe »Die Frau in der Literatur«. Verteidigt diese Annemarie Braun, verehelichte Hartenstein, auf dem zehn Buchbände langen Weg von der Puppenmutter zur Großmutter gegen den Vorwurf, ein von der Männerwelt geknechtetes Dummerchen zu sein, entdeckt sogar – immer sorgsam bemüht, aus der Entstehungszeit des Werks heraus zu urteilen – mancherlei Fortschrittliches an der Serienheldin von anno dazumal und ernennt Else Ury, die Autorin der Nesthäkchen-Bücher – dies an die Adresse der ebenso vergeßlichen wie hochmütigen Literaturkritik –, zur Ahnin eines so angesehenen Gegenwartsschriftstellers wie Walter Kempowski. Das sind mutige Worte, und ich könnte mir gut denken, daß Frau Rotzoll diesmal nicht nur Dankbriefe erhalten hat. Ihr Nesthäkchen-Plädoyer schließt mit den Worten: »Else Ury war ein Kind der eigenen Zeit, wie Sie und ich das sind, keine Rebellin und kein Teufelsweib, auch keine Intellektuelle. Sie deswegen rückständig zu schimpfen, wäre mehr als dumm.«

Unbelehrbare wird es erstaunen, wenn nicht erzürnen, daß die Jungmädchenbücher der Else Ury nicht nur als seliges Erinnerungsgut in den weißhaarigen Köpfen ungezählter alter Damen schlummern, sondern auch nach wie vor im Handel sind. »Nesthäkchen und ihre Puppen«, »Nesthäkchens erstes Schuljahr«, »Nesthäkchen im Kinderheim«, »Nesthäkchens Backfischzeit«, »Nesthäkchen fliegt aus dem Nest«, »Nesthäkchen und ihre Küken«, »Nesthäkchens Jüngste«, »Nesthäkchen

und ihre Enkel« und »Nesthäkchen im weißen Haar«
halten bei einer Auflage von 6 Millionen, und die zu
Weihnachten 1983 erstausgestrahlte Serie einer sieben-
teiligen Fernsehverfilmung hat das ihre dazu beigetra-
gen, sie auch weiterhin vorm Vergessenwerden zu
bewahren. Solange es Großmütter gibt, die, was sie
einst selber entzückt hat, ihren Enkelkindern auf den
Gabentisch legen, werden Nesthäkchen und Konsorten
überleben. Nur Band 5 hat das Zeitliche gesegnet:
»Nesthäkchen und der Weltkrieg« mit seinen patrio-
tisch-vaterländischen Tiraden wäre heutigen Kindern
nicht mehr zumutbar. Und auch die Pietät gegenüber der
Autorin gebietet es, ihr in diesem Fall das Wort zu ent-
ziehen: Else Ury, die 1943 in Auschwitz vergast worden
ist, würde heute wohl nicht einmal vom abgebrühtesten
Zyniker für nationalistische Propaganda eingespannt
werden können.

Else Ury, die große Unbekannte. Es gibt Erfolgsbü-
cher, deren Titel solche Popularität erlangen, daß darüber der Name des Autors ins Hintertreffen gerät, kaum
je Eigenwert erhält: »Nesthäkchen« ist so ein Fall. Den
Begriff hat's auch schon vor Else Ury gegeben, aber erst
sie – durch die millionenfache Verbreitung ihrer Bücher
– hat ihn zum Gebrauchswort gemacht. Und das auf Ko-
sten ihres eigenen Namens. Wer in der Buchhandlung
nach dem neuesten Nesthäkchen-Band fragte, konnte
sich jedes weitere Wort ersparen, jeden Hinweis auf Verfasser und Verlag. Ein Handgriff des Buchhändlers genügte: vom Stapel, nicht aus dem Regal. Und vielleicht
könnte man es dabei auch belassen, hätte die Lebensge-

»Nesthäkchen«-Autorin Else Ury

schichte dieser Else Ury in ihrer letzten Phase nicht eine derart groteske Wendung zum Tragischen genommen.

Um dieses düstere Kapitel deutscher Kulturgeschichte aufzuhellen, das ausgerechnet eine der Exponentinnen der heiter-unbeschwerten Kinderbuchliteratur zur Hauptperson hat, muß ich eine Auslandsreise antreten: Von den in Frage kommenden Auskunftspersonen lebt keine einzige mehr in Nesthäkchens Ursprungsheimat Deutschland. Nach einigem Hin und Her mache ich schließlich in London Else Urys Universalerben ausfindig: Ernest K. Heyman. Ihm, dem Lieblingsneffen, hat sie alles vermacht, er betreut ihr Werk, und unter seinem ursprünglichen Vornamen Klaus kommt er sogar selber in den Nesthäkchen-Büchern vor: als Nesthäkchens großer Bruder. Aber auch sonst kann er mitreden: Von den drei Kindern des Berliner Regierungsbaumeisters Heymann ist er, der 1918 Geborene, das Jüngste. Und das einzige, das noch lebt.

Ich treffe Ernest Keith Heyman alias Klaus Heymann, der seinen Namen im englischen Exil (auch für den Fall, daß er während des Zweiten Weltkriegs in deutsche Gefangenschaft geraten wäre) beizeiten anglifiziert hat, zu einem günstigen Zeitpunkt an: Er trägt sich mit dem Gedanken, seine Lebenserinnerungen aufzuzeichnen, hat also auch die Biographie seiner Tante in groben Umrissen im Kopf. Manches wird er freilich noch recherchieren müssen, und davor ist ihm bange: nochmals mit all den niederschmetternden Details aus der NS-Zeit konfrontiert zu werden. Aber es muß getan sein, ist sein Vermächtnis an die Kinder – um so mehr, als diese, alle schon in der Emigration geboren und aufgewachsen, nicht mehr die Perspektive ihres Vaters teilen: »Ich lebe in der Vergangenheit.«

Else Ury kommt am 1. November 1877 in Berlin zur Welt. Die Eltern sind typische Vertreter des jüdischen Großbürgertums. Der Vater führt eine Tabakfabrik, auch als virtuoser Toast- und Versammlungsredner hat er einen Namen. Die Mutter, dem Musischen zugetan, kann's in der klassischen deutschen Literatur mit manchem Germanistikprofessor aufnehmen. Das väterliche Geschäft verzeichnet Rückgänge: Schnupftabak und Kautabak kommen aus der Mode, da sind Nebenein-künfte willkommen: Tochter Else beginnt zu schreiben. Humoresken für die berühmte »Vossische Zeitung«. Gelegenheitsgedichte hat sie schon als junges Mädchen verfertigt – damals, als sie noch Schülerin der Königin-Luisen-Schule war. Else Adlon, Sproß der berühmten Hoteldynastie, Lisbeth Barella, Tochter des führenden Waffenfabrikanten im alten Preußen, und Josephine Fel-sing aus der Familie des Berliner Hofhorologen (die spätere Mutter Marlene Dietrichs) sind ihre Mitschüle-rinnen in der Abschlußklasse, der sogenannten »Se-lecta«.

Natürlich geht man als weibliche Angehörige des ge-hobenen Mittelstands zu jener Zeit nicht ins Berufsle-ben, sondern widmet sich dem Haushalt und – wartet auf den Mann fürs Leben. Else Ury folgt also eher ihren per-sönlichen Neigungen als wirtschaftlichem Kalkül, als sie mit neunundzwanzig ihr erstes Buch herausbringt: »Stu-dierte Mädel«. Titel wie »Was das Sonntagskind er-lauscht«, »Goldblondchen«, »Baumeisters Rangen« und »Lotte Naseweis« folgen; es sind durchwegs – wie sie es

selber nennt – »Schulmädelgeschichten«. Der ganz große
Erfolg setzt nach Ende des Ersten Weltkriegs ein: mit der
Nesthäkchen-Serie. 1925 ist dieses Kapitel abgeschlos-
sen: Zehn Bände sind's geworden. Und alle zehn mit
»Nesthäkchen« Annemarie, der Tochter des Berliner Kli-
nikarztes Dr. Braun, als Hauptperson. Von der Wiege
bis (fast) zur Bahre. Fünf Generationen umspannend:
von Nesthäkchens Eltern bis zu Nesthäkchen selber in
der Rolle als Urgroßmutter.

Die Vorbilder für ihre Figuren findet Else Ury, die
selber unverheiratet bleibt, im engeren Familien- und
Bekanntenkreis. Bruder Ludwig und Schwester Käthe
haben zahlreichen Nachwuchs – da kann sie, was das
junge Volk, deren Streiche und deren Sprache betrifft,
aus dem vollen schöpfen. Dankbarere Modelle lassen
sich kaum denken: Alle sind selig, sich in den Buchge-
stalten von Tante Else wiederzuerkennen. Man braucht
auch nicht viel zu ändern: ein paar Retuschen an den Namen – das genügt. Aus Marlene Ury wird Marlene Ul-
rich, aus Ilse Heymann Ilse Hermann. Ilses Vater ist
Baurat, also bleibt er auch im Buch Baurat; Marlenes Eltern wohnen am Alexanderplatz – wozu sie umsiedeln?
So einfach ist das. Eine Familienchronistin, die sich auf
pointierte Dialogführung versteht und es damit zu Best-
sellererfolgen bringt. Und die die Erträgnisse aus ihrem
Beruf mit denen, die ihr den Stoff dafür liefern, redlich
teilt. »Tante Else« – so zollt Lieblingsneffe Klaus ihrer
Großzügigkeit noch heute Anerkennung – »war das Por-
temonnaie der Familie.«

Er weiß, wovon er spricht: Als Klaus Heymann 1936
mit achtzehn sein Abitur macht, sich als Jude an keiner

deutschen Hochschule mehr inskribieren kann und fürs Architekturstudium nach England emigriert, finanziert ihm Else Ury seine Ausbildung. Von den englischen Staatspapieren, die sie besitzt, läßt sie ihm einen Monatswechsel von 16 Pfund zukommen – für einen Studenten damals eine Menge Geld. Erst kurz vor Kriegsausbruch werden die Zahlungen von Staats wegen eingestellt.

Auch sonst hat sich nun einiges verändert, treibt's unaufhaltsam der Katastrophe zu. Else Ury wird von der Reichsschrifttumskammer ausgeschlossen, und das bedeutet: mit Schreibverbot belegt. Als typische »Assimilierte« ist ihre jüdische Herkunft der großen Öffentlichkeit nicht bekannt, wohl aber natürlich der Behörde. Man ist von den Eltern zwar noch im orthodoxen Glauben erzogen worden, hat sich davon aber seit dem Tod des Vaters (im Jahr 1921) weitgehend entfernt. Nur an den hohen jüdischen Festtagen geht man noch in die Synagoge, die häusliche Sabbat-Feier ist gestrichen, die Leuchter sind außer Dienst gestellt. Man fühlt sich deutschnationalem Gedankengut verpflichtet und muß sich dafür prompt von glaubensstrengen Juden Vorhaltungen machen lassen. Ja, Else Urys naive Loyalität geht sogar so weit, daß sie den Machtantritt der Nationalsozialisten als deutschen »Vorfrühling« preist: Ihre 1933 erschienene Erzählung »Jugend voraus« mündet in ein ausdrückliches Bekenntnis zu Adolf Hitler. Es ist anzunehmen, daß der Verlag es seiner Autorin aus Opportunitätsgründen abgerungen hat. Nur die stramm systemkonforme Illustration mit der Hakenkreuzfahne gerät gegen ihren Willen ins Buch.

Helfen kann es ihr freilich nicht: »Jugend voraus«

bleibt Else Urys letztes Werk. Während die Verwandtschaft einer nach dem anderen Deutschland verläßt,
schlägt sie selber alle Warnungen in den Wind und bleibt
in Berlin – schon aus Treue zu ihrer hochbetagten,
schwerkranken Mutter, mit der sie die Wohnung teilt.
Sie, die Hunderttausenden deutschen Kindern mit ihren
Büchern so viel Freude geschenkt hat, sollte in diesem
Land plötzlich unerwünscht sein, gar gefährdet? Sie
kann es nicht glauben. Auch als sie aus der herrschaft-
lich-repräsentativen Charlottenburger Wohnung (am
Kaiserdamm 24) vertrieben und in eine beträchtlich kleinere (im Bezirk Moabit, Solinger Straße 10) abgeschoben
wird, harrt sie weiter in der Reichshauptstadt aus. Am
12. Januar 1943 – ihre Mutter ist inzwischen gestorben –
wird die fünfundsechzigjährige Else Ury von der Gestapo abgeholt und per »Osttransport Nr. 26« nach
Auschwitz »evakuiert«. »Keine weiteren Informationen«
wird später die lakonische Auskunft des Internationalen
Suchdienstes vom Roten Kreuz lauten, und jeder weiß,
was das zu bedeuten hat: Tod in der Gaskammer, ver-
mutlich noch am Ankunftstag.

Klaus Heymann, der Erbe und Nachlaßverwalter, inzwischen britischer Staatsbürger und als Offizier der britischen Pioniere im Kriegseinsatz gegen die ehemalige
Heimat, erfährt von Else Urys grauenhaftem Ende
(»Tante Else wurde abgeholt – wir wissen nicht wo-
hin …«) mit zwei Jahren Verzug: Der Brief seiner Eltern
kann ihm erst im Januar 1945 bei einem Kurzaufenthalt
in Amsterdam zugestellt werden. Eine Suchanzeige, die
er gleich nach Kriegsende aufgibt (Ernest K. Heyman ist
nun vorübergehend bei der britischen Zulassungsstelle

für Führungsposten in der nordrhein-westfälischen Kommunalverwaltung tätig; unter den Personalakten, die durch seine Hände gehen, sind auch die von Konrad Adenauer und Kurt Schumacher), bleibt ohne Erfolg. Das Gerücht, Else Ury sei den Nazis entwischt und untergetaucht, ist für ihn absolut indiskutabel: »Sie sah sehr jüdisch aus und war kein Schauspielertyp.« Auch an Selbstmord glaubt er nicht: »Dafür war sie ein zu naiver Mensch.«

Volle Gewißheit erhält der Neffe, inzwischen Beamter des Staatlichen Gesundheitsdienstes, Abteilung Krankenhausbau, erst am 1. September 1976 – der Bescheid des Suchdienstes könnte nüchterner nicht ausfallen: Name, Geburtsdatum, letzter Wohnsitz. Die »Transportliste« der Gestapo Berlin, auf die sich die Auskunft stützt, nennt lediglich Deportationsdatum und Deportationsziel: 12.1.1943, Konzentrationslager Auschwitz. Und in der Rubrik »Grund für die Inhaftierung« nur dies eine Wort: Jüdin.

Erbärmlich auch die paar letzten Spuren, die Else Urys Neffe in Berlin sichern kann. Ihre Kontoauszüge bei der Commerz- und Privatbank, von denen man ihm Kopien anfertigt, geben ein klares Bild vom Verlauf der letzten vier Lebensjahre, während derer sie total von der Verwandtschaft abgeschnitten ist: Es wird von Mal zu Mal armseliger. Ihre letzte Wohnung zerbombt; über die Möbel, so heißt es, hat sich der Hausmeister hergemacht. An persönlicher Habe, die das Inferno überdauert hätte: nichts. Das einzige, was Ernest Heyman für »Tante Else« noch tun kann, ist ein schlichtes Totengedenken auf dem im Ostberliner Stadtbezirk Weißensee

gelegenen Judenfriedhof: Hier sind seine Großeltern begraben, und hier, auf dem marmornen Familiengrabstein
der Urys, läßt er auch ein Memento für die Autorin der
Nesthäkchen-Bücher einmeißeln.

Einer ihrer letzten Wünsche betraf die Übersetzung ihrer
früheren Kinderbücher ins Englische. Eigene Versuche
schlugen fehl, vielleicht also konnte der Neffe in London
die Sache in die Hand nehmen? Nur – wie? Weder während des Krieges noch unmittelbar danach war irgend je-
mand in England an Literaturimporten aus Deutschland
interessiert. Als Heyman seine künftige Frau, eine Jugendfreundin aus Berliner Tagen, als Dienstmädchen
»getarnt« zu sich nach London holt, spricht man miteinander, um nicht unangenehm aufzufallen, ausschließlich englisch – und dabei bleibt es bis heute. Die Vorwürfe, die sich der Neffe zuweilen macht, er habe sich
nicht genug für die ausländische Verbreitung der Ury-
Bücher eingesetzt, sind unbegründet: England hat eine
so reiche und so spezifische Kinderliteratur, daß da
Fremdes wenig Chancen hat; schon zu Else Urys Lebzeiten ist nur eine einzige Nesthäkchen-Übersetzung zustande gekommen: ins Holländische. Titel: »Benjami-
nettje«.

Auch in Deutschland selbst mag man nach 1945 von
Nesthäkchen nichts wissen: Der unbeschwert-fröhliche
Ton der Geschichten vom Wildfang Annemarie Braun
paßt nicht zur allgemeinen Trümmer-Tristesse. Der
Buchhandel verhält sich reserviert, die öffentlichen Bü-
chereien tauschen die Nesthäkchen-Titel gegen Zeitge-
mäßeres aus, in den Zeitungen erscheint keine Zeile.

Auch der 1951 mit Ernest Heyman abgeschlossene neue Verlagsvertrag führt zu keiner Belebung von Else Urys umfangreichem Werk. Im Gegenteil: Die Umsätze gehen kontinuierlich zurück. Erst die Serienverfilmung fürs Zweite Deutsche Fernsehen, zu Anfang der nostalgiesüchtigen achtziger Jahre, löst einen neuen Nesthäkchen-Boom aus – nun freilich einen gewaltigen.

Ein verspäteter Nachruf zu Else Urys 80. Geburtstag, von ihrer ehemaligen Schulfreundin Margarete Levy für die in London erscheinende Monatszeitschrift der »Association of Jewish Refugees« verfaßt, bleibt die weithin einzige öffentliche Würdigung der einstigen Bestsellerautorin. Frau Levy, vor 1933 Inhaberin einer bekannten Tanzschule in Berlin, lebt nun in einem Altersheim in Südafrika – ihr »In memoriam Else Ury« ist eine Angelegenheit für Insider. Auch die Wissenschaft zollt nun späte Anerkennung: Else Urys »Gesellschaftsbild« ist einer angehenden Lehrerin eine eigene Diplomarbeit wert, und bei einem unter Pädagogik-Studentinnen der Bundesrepublik durchgeführten Test zum Bekanntheitsgrad von Mädchenbüchern landet »Nesthäkchen« mit beachtlichen 55,6 Prozent (nach »Heidi«, »Trotzkopf« und »Gisel und Ursel«) auf Platz 4. Auch die Schmarotzer bleiben nicht aus: Nun, wo »Nesthäkchen« wieder gut im Geschäft ist, macht eine Wiener Anwaltskanzlei Ansprüche auf die Tantiemen geltend. Ihre Klientin gibt sich als Erbin einer gewissen Elfriede Bachmann aus, die unter dem Pseudonym Else Ury die Nesthäkchen-Bücher geschrieben habe. Ein so hanebüchener Versuch, sich das Urheberrecht zu erschwindeln, daß es geringer Bemühungen bedarf, den dreisten Übergriff abzuwehren.

Bei einem Aufenthalt in Ostberlin kann es sich Ernest Heyman nicht verkneifen, auch dem dortigen Buchhandel auf den Zahn zu fühlen: Er fragt eine Verkäuferin nach dem Verbleib der Nesthäkchen-Bücher. Die Antwort fällt systemkonform-schnippisch aus: »So etwas führen wir nicht.« So etwas – damit ist unmißverständlich der kapitalistisch-bourgeoise Lebensstil im Haus des patriarchalischen Dr. Braun gemeint, wo das Dienstmädchen noch in Holzpantinen den Fußboden scheuert und die Wäsche durch die Mangel dreht, wo für die Küche eine Köchin und für die Kinder ein »Fräulein« zur Verfügung steht, wo unfolgsame Kinder mit der »Rute« bestraft werden, wo Frauen Hausmütterchen zu sein, den ersten Mann, der sie küßt, zu heiraten und bis ans Ende seiner Tage glücklich zu machen haben.

Unter den Papieren, die Else Urys Neffe stets bei sich trägt, ist das Foto eines dreistöckigen Landhauses; ein Kollege aus seinem Büro hat es vor etlichen Jahren auf einer Polenreise geknipst. Der Ort, in dem das Objekt steht, heißt heute Karpacz – es ist das ehemalige Krummhübel im schlesischen Riesengebirge. Früher ein beliebtes Ferienziel der Berliner, heute Sommerfrische und Wintersportzentrum dicht an der Grenze Polens zur Tschechoslowakei. Der fotografierende Tourist aus England mußte vorsichtig zu Werke gehen: Zu der Zeit, als er sich in Karpacz aufhielt, wurde das bewußte Anwesen noch als Offiziersheim benützt, war also für westliche Kameras tabu. Wieso aber war dem Kollegen Heyman so sehr an diesem Bild gelegen? Statt auf meine Frage einzugehen, legt er mir ein zweites vor: dasselbe

»Haus Nesthäkchen« in Krummhübel

Haus, nur vierzig Jahre früher. Und nun, zwischen
Mansardenfenster und Dachgiebel, mit einer weithin les-
baren Aufschrift an der Straßenfront: »Haus Nesthäkchen«. Es ist Else Urys ehemaliger Landsitz, in dem auch
Neffe Klaus wiederholt die Sommerferien verbracht hat.
1926, auf der Höhe ihres Ruhms, hat sie es erworben,
1940 haben es die Nazis konfisziert. Die Schriftzüge mit
dem geliebten Hausnamen folgen exakt dem Muster der
frühen Bucheinbände: »Nesthäkchen« in kindertümli-
cher Sütterlin-Schrift. Es war Baurat Heymanns Werk:
Else Urys Schwager, das zeichnerische Talent der Familie, übertrug den Schriftzug vom Bucheinband in entsprechender Vergrößerung auf eine Schablone – alles
Weitere war Sache des Anstreichers. Ernest Heyman
erinnert sich aus eigenem Erleben, wie in den Jahren um
1930 die »Nesthäkchen«-lesenden Kinder während ihres
Ferienaufenthalts in Krummhübel »Tante Else« heraus-
läuteten, um ihr ihre Aufwartung zu machen – an manchen Tagen war es ein ständiges Kommen und Gehen.
Und Tante Else ließ ein jedes von ihnen freudig ein,
wechselte ein paar herzhafte Worte und stellte sich geduldig zum Erinnerungsbild. Und wenn die kleinen Besucher, sobald die Ferien um waren, wieder nach Hause
fuhren und mit ihren Freunden daheim zusammentra-
fen, konnten sie mit ihrem großen Urlaubserlebnis bril-
lieren: Die Autorin der Nesthäkchen-Bücher hatte ihnen
persönlich übers Haar gestrichen!
    »Alle wollt ihr wissen, ob das Nesthäkchen wirklich
gelebt hat und wo es wohnt«, hatte Else Ury schon 1923,
im Nachwort zu Band 6, auf die vielen Fragen ihrer jungen Leserinnen pauschal zu antworten versucht. »Ja,

mein Nesthäkchen lebt. Überall lebt es, wo ein Kind der
Sonnenstrahl eines harmonischen Elternhauses ist. Wo
ein Großmütterlein sich in den Enkeln spiegelt. Wo
warmherzige, übermütige Mädchenfreundschaft durch
Kinder- und Backfischjahre hindurch für das Leben er-
starkt. Wo man arbeitet und strebt, wo man der deutschen Heimaterde den Ertrag abgewinnt, in Stadt und
Land, wo man im eigenen Heim Glück und Freude verbreitet. Da überall ist mein Nesthäkchen zu Haus.«

Eine generalisierend-erbauliche Apotheose im Stil der
Zeit. Ob sich damit wirklich alle abspeisen ließen? Etwas von einem großen Geheimnis blieb wohl doch. Die-
jenigen, denen es vergönnt war, in Krummhübel das
»Haus Nesthäkchen« und dessen berühmte Bewohnerin
zu sehen, hatten einen Zipfel dieses Geheimnisses gelüf-
tet.

Peter Pan oder: Sie waren fünf
James Barrie: »Peter Pan«

Neulich war Steven Spielberg da, der Regisseur von
»E.T.« Er interessiert sich für »Peter Pan«, spielt mit
dem Gedanken, den berühmten englischen Märchen-
stoff zu verfilmen. Daher seine Stippvisite im GOSH.
GOSH nennen die Londoner liebevoll ihr ältestes Kin-
derkrankenhaus: das Great Ormond Street Hospital for
Sick Children im Stadtteil Bloomsbury. Was das 1852
gegründete 335-Betten-Spital mit seinen 80000 Patienten
pro Jahr mit James Barries Zauberspiel vom »kleinen
Jungen, der nicht groß werden wollte« zu tun hat? Sehr
viel. Autor Barrie hat 1929 dem Great Ormond Street
Hospital »Peter Pan« vermacht – acht Jahre vor seinem
Tod. Alle Erträgnisse aus Englands Kindertheater-Ever-
green fließen also in die Krankenhauskasse.

Obwohl James Barrie in seinem Testament ausdrück-
lich festgehalten hat, die Höhe der Beträge unterliege
strengster Geheimhaltung, sickert doch immer wieder
durch, daß das Great Ormond Street Hospital vorzüglich von »Peter Pan« lebt – man spricht von einem Drittel
der gesamten Anstaltskosten. Seitdem Englands einst re-
nommierter National Health Service, Aushängeschild
des modernen Wohlfahrtsstaats, von Jahr zu Jahr größere Geldsorgen hat, wachen die Herren Aufsichtsräte
um so strenger über das ererbte Copyright: Kein Weg
führt an ihnen vorbei, will irgendeine Bühne auf der Welt
»Peter Pan« nachspielen – sei es das Sprechstück, sei es

die Musicalfassung –, will eine Fernsehstation einen Film oder ein Radiosender ein Hörspiel produzieren, will ein Verlag eine neue Buchversion herausbringen, will eine Biskuitfabrik ihre Keksdosen oder eine Bettwäschefabrik ihre Kopfkissen mit Peter-Pan-Motiven schmükken.

Der junge Farbige in der Portierloge, der für eine halbe Stunde den Rezeptionsdienst seinen beiden Kollegen überläßt, um mit mir eine Blitzführung zu den diversen Gedenkstätten für den edlen Spender zu veranstalten – zur Peter-Pan-Galerie, zur Peter-Pan-Cafeteria, zu den Peter-Pan-Wandmalereien im Ambulanztrakt, zum Peter-Pan-Krankenzimmer (wo alljährlich um Weihnachten, wenn das Stück auf den Theaterspielplan zurückkehrt, die Hauptdarsteller ihre Aufwartung machen, um die trostbedürftigsten unter den Patienten aufzumuntern), zum neuen Barrie-Trakt und zur Barrie-Dankplakette in der Spitalskapelle (»In grateful remembrance«) –, ist auch mir gegenüber nicht frei von Mißtrauen: Was führe ich im Schilde, was habe ich mit Peter Pan im Sinn? Selbst er, die niederrangige Hilfskraft vom anstaltseigenen Wachdienst, ist darüber instruiert, daß die strengen Copyright-Bestimmungen einzuhalten sind, daß Peter Pan ihnen gehört. Und ich habe Mühe, ihn davon zu überzeugen, daß er nichts Unrechtes tut, wenn er mir bei einem Rundgang durchs Krankenhausgelände den Weg weist. Ich schreibe eine Reportage über das Thema, ich drehe keinen Film.

Natürlich trage ich dem Burschen seine offen zur Schau getragenen Bedenken nicht nach: Erstens hat er seine Weisungen von oben, und zweitens dient das Erbe, das hier so eifersüchtig gehütet wird, einem guten Zweck – der Pflege und Genesung kranker Kinder.

Wieso Sir James Barrie, den sein Welterfolg »Peter Pan« zu einem reichen Mann gemacht hat (reicher als beispielsweise seinen Kollegen Shaw dessen gesamtes Œuvre!), gerade auf das Great Ormond Street Hospital verfiel, als er daranging, seinen Nachlaß zu regeln, ist übrigens bis heute nicht restlos geklärt. Weder schuldete er persönlich dem Spital besonderen Dank, noch war dieses seinerseits an ihn als Sponsor herangetreten. Nicht mit der bösesten Diphterie, nicht mit dem harmlosesten Mumps ist er im GOSH behandelt worden – in keinem der Patientenregister findet sich sein Name. Bleibt als einzig mögliche Erklärung: James Barrie wollte seine Dankesschuld gegenüber den Millionen Kindern, die seinen »Peter Pan« gelesen oder im Theater gesehen haben, stellvertretend einer Institution von Renommee abstatten, welche dem Wohlergehen von Kindern gewidmet ist.

Psychoanalytiker, die sowohl seine Biographie wie sein Werk nach allen Regeln der Kunst durchleuchtet haben, sind allerdings zu dem Schluß gekommen: Den schottischen Sonderling, dessen Privatleben von vielfacher Enttäuschung geprägt war, nur einfach als kinderlieb einzustufen, hieße die Sache denn doch vereinfachen. Am ehesten gebe noch der Grundgedanke seines Hauptwerks »Peter Pan« Aufschluß über die Intentionen des Autors: Dieses Zwischending aus Fabelwesen und Kind, das sich noch am Tag seiner Geburt (während die Eltern sich an seiner Wiege darüber streiten, was einmal aus ihm werden soll) in ein »Niemandsland« aus

Feen und Naturgeistern absetzt und dort zum Anführer einer Schar »verlorener Jungen« wird, die infolge unzulänglicher Beaufsichtigung aus dem Kinderwagen gefallen sind, hat bei allem Schabernack, bei allen Zauberkunststücken, deren es fähig ist, letztlich doch nur eines im Sinn: immer ein Kind zu bleiben, niemals erwachsen zu werden. Der eskapistische Traum von der ewigen Kindheit – ihn hat dieser James Barrie nicht nur für seinen kleinen Bühnenhelden geträumt, sondern vor allem für sich selbst. Die pathologische Schwermut seiner Mannesjahre, sein Hang zu Todessehnsucht und Reinkarnationsmystik – zielen sie nicht in die nämliche Richtung: in einem neuen, einem zweiten Leben von den Bedrängnissen des Erwachsenendaseins verschont zu bleiben? Barries Testament rein altruistisch zu deuten, würde also seinem komplizierten Charakter kaum gerecht – auch wenn dies natürlich seine faktischen Verdienste als Wohltäter nicht im geringsten mindert. Und damit sind wir bei der gleichfalls höchst komplizierten Geschichte, wie die Figur dieses Peter Pan entstanden oder besser: wie sie »zusammengesetzt« ist.

Kirriemuir ist ein Nest im Süden Schottlands, siebzehn Meilen von Dundee entfernt. Hier kommt James Barrie am 9. Mai 1860 als eines von neun Kindern eines biederen Heimwebers zur Welt. Der dominierende Elternteil ist die Mutter: Der Höhenflug seiner Phantasie ist eindeutig ihr Erbteil. Die Gemeinschaftswaschküche des Dorfes, gleich hinterm Elternhaus, wird zum Schauplatz erster Theaterversuche des Zehnjährigen, und als er mit dreizehn die Schule wechselt und in die angesehene Dumfries Academy aufgenommen wird, sind es keine fremden, sondern bereits eigene Texte, nach denen gespielt wird: »Bandelero, der Bandit«. Abenteuergeschichten um edle Ritter und verwegene Piraten.

Zwei seiner Klassenkameraden nehmen dabei »Schlüsselstellungen« ein: Der eine, Sohn des Buchhändlers, verschafft ihm Zugang zu der Lektüre seiner Wahl, der andere, Sohn des Ortsgendarmen und Besitzer eines romantischen Wildparks am Ufer des Flusses Nith, stellt das Gelände, wo man sich zum nachmittäglichen Spiel trifft: Mauern, die zu stürmen, Bäume, die zu erklettern, Baumwipfel, die wohnlich einzurichten sind. Man schlüpft in exotische Rollen und verleiht einander bombastische Phantasienamen – vieles von dem, was Barrie hier in »Moat Brae« erlebt, ausdenkt und imaginiert, wird später, wenn der Dreiundvierzigjährige die Geschichte von Peter Pan schreibt, seinen literarischen Niederschlag, seine Vollendung finden.

Die ersten schriftstellerischen Gehversuche sind freilich von sehr viel nüchternerer Art: Nach Universitätsjahren in Edinburgh verdingt sich Barrie zunächst einmal als Journalist beim »Nottingham Journal«, und auch mit der Übersiedlung nach London kommt er seinem Ziel nur sehr langsam näher: mit Büchern an die Öffentlichkeit zu treten. Erste Erfolge erzielt er mit schottischen Heimatgeschichten; als er jedoch den renommierten Theateragenten Beerbohm Tree in seinen Plan einweiht, ein Kinderstück zu schreiben, dessen Hauptfigur nicht bloß selber fliegen, sondern auch anderen das Fliegen beibringen kann, erklärt dieser ihn rundweg für übergeschnappt und warnt die Theater auch nur vor der Prüfung des Manuskripts.

Ein Jahr später, Weihnachten 1904, ist es die Sensation von London: Uraufführung von »Peter Pan or the Boy who would not grow up« am Duke of York's Theatre – gleich beim Trafalgar Square. Selig folgen die halbwüchsigen Zuschauer ihrem Autor auf dem phantastischen Weg ins Niemalsland. Um so aufgebrachter manche der Eltern, deren Spößlinge es nachher daheim Peter Pan nachmachen wollen und sich bei ihren Flugversuchen die Beine brechen. Autor Barrie weiß Abhilfe: Er fügt in seinen Text einen ausdrücklichen Hinweis ein, daß nur derjenige fliegen könne, der mit dem Zauberstaub der Feen in Berührung gekommen sei. Das Stück ist gerettet, die Unfallrate sinkt. Und »Peter Pan« wird zum festen Bestandteil des Londoner Theaterspielplans: alle Jahre wieder zur Weihnachtszeit – und dies bis zum heutigen Tag. Nur dreimal muß die Aufführung ausfallen: im Kriegsjahr 1940, als die in einem Depot unter der Waterloo Bridge eingelagerten Bühnendekorationen einem Bombenangriff zum Opfer fallen; 1962, wo statt der herkömmlichen Bühnenversion »Peter Pan« als Eisrevue gezeigt wird; und 1979, als die neue Broadway-Produktion an ihrem Startort New York so oft prolongiert werden muß, daß die geplante Übersiedlung nach London platzt.

Jedem, der »Peter Pan« auf der Bühne gesehen hat und auch mit London vertraut ist, wird der Hauptschauplatz des Stückes, das »Niemalsland«, sehr bekannt vorkommen. Es erinnert massiv an den Kensington Park: an Vogelinsel und an Serpentinenteich. Und das hat seinen Grund. James Barrie hat zu der Zeit, da er das Stück schrieb, dicht beim Kensington Park gewohnt: Das

kleine zweistöckige Haus Ecke Bayswater Road/Lein-
ster Terrace, das zwischen 1903 und 1911 sein Logis war,
ist mit einer entsprechenden Gedenktafel ausgestattet.
Auch heute, wo dort vierbahnig die Autos vorbeirasen
und die Fußgänger aufs Grünsignal der Ampeln angewiesen sind, hätte Barrie nur wenige Schritte zum Eingang Lancaster Gate zurückzulegen, und schon wäre er
mitten in jenem Stück domestizierter Natur, das ihn,
vermengt mit der Erinnerung an seine Kindheitsspiel-
plätze in Kirriemuir und Dumfries, zum Szenario des
»Peter Pan« inspiriert hat. Aber auch das ist nicht alles;
das Wichtigste steht noch aus – und dazu müssen wir auf
die privaten Verhältnisse des Sir James Barrie zu sprechen kommen:

1894. Barrie, seit neun Jahren in London ansässig, ist
vierunddreißig. Er heiratet die Schauspielerin Mary An-
sall – für ihn ist es die erste Ehe, für sie, die Frischge-
schiedene, die zweite. Doch gleich nach der Hochzeit
stellt sich heraus: die Verbindung ist eine Katastrophe.
Fünf Jahre findet sich Lady Mary mit der Impotenz ihres
Mannes ab, dann wendet sie sich einem Geliebten zu:
Gilbert Cannan aus dem Freundeskreis des »Lady Chat-
terley«-Autors D. H. Lawrence. Barrie macht ihr heftige
Vorwürfe, zur offiziellen Scheidung kommt es dennoch
erst Jahre später: 1909.

Sein Leben ist nun wieder das alte: das eines notori-
schen Junggesellen. Bei seinen Spaziergängen im Kensington Park, begleitet von dem Bernhardinerhund Porthos, begegnet er wiederholt einer Gruppe von Kindern,
die, so wie er, zwischen »Flower Walk« und »Round
Pond« ihre Nachmittage verbringen, von ihrer Nurse

beaufsichtigt. Es sind Buben im Vorschulalter, die drei
(und schließlich fünf) Söhne des Barons Arthur Llewelyn
Davies. Barrie, der selber kinderlos Gebliebene, freut
sich an der munteren Gesellschaft, und die Kinder ihrerseits lauschen den phantastischen Geschichten, die der
Vierzigjährige für sie parat hat: dem noch ungeschriebe-
nen »Peter Pan«. Daß er, animiert vom Erfolg seines
Vortrags, die Story nun auch bald zu Papier bringt, wird
er Zeit seines Lebens dieser schicksalhaften Begegnung
zuschreiben, und in der gedruckten Fassung des Thea-
terstücks kann man's bis heute nachlesen: in der den Text
einleitenden »Dedication to the five«.

Bald lernt Barrie auch die übrigen Familienmitglieder
kennen: Sir Arthur Llewelyn Davies, den Vater der Kinder, Lady Sylvia, die Mutter (in die er sich prompt ver-
liebt und die, früh verwitwet, seine Gefühle erwidert,
ohne sich freilich zur Heirat mit ihm entschließen zu
können), Sir Gerald Du Maurier, den Onkel. Sir Gerald,
Vater der nachmals berühmten Bestsellerautorin Daphne
Du Maurier, wird übrigens nicht nur einer von Barries
engsten Freunden, sondern geht auch, an des Autors
Seite, in die Erfolgschronik von »Peter Pan« ein: Einer
der namhaftesten Schauspieler im London der Jahrhundertwende, übernimmt er in der Uraufführung von »Peter Pan« die Doppelrolle des Mister Darling und des Ka-
pitäns Hook.

George, Jack, Peter, Michael und Nicholas heißen die
fünf Davies-Buben, die nun regelmäßig in Gesellschaft
des »netten Herrn mit den aufregenden Geschichten«
und dessen Hundes die Kensington Gardens durchstreifen. Sie sind nicht nur aufmerksame Zuhörer, sondern

James Barrie und sein Hund Porthos

Drei der fünf Llewelyn-Davies-Buben, die James Barrie zur
Figur des »Peter Pan« inspiriert haben

steuern auch Eigenes bei, so daß James Barrie später sagen kann: »So wie die Wilden aus zwei Steinen Feuer schlagen, indem sie diese heftig aneinander reiben, habe ich aus euch fünfen den Peter Pan gemacht.«

Eindeutiger ist die urbildliche Zuordnung bei einem weiteren Spielgefährten: Barries Bernhardinerhund Porthos findet sich, in einen Neufundländer verwandelt, unter dem Namen Nana in »Peter Pan« wieder – es ist jenes brave Tier im 1. Akt, das bei der Familie Darling, die sich keine eigene Nurse leisten kann, auf die Kinder aufpaßt (und doch nicht verhindern kann, daß Peter Pan die drei ins Niemalsland entführt: Wendy, Michael und John).

Bald begnügt man sich nicht mehr mit dem Kensington Park, sondern unternimmt auch gemeinsame Ausflüge in die nähere Umgebung der Stadt, und aus einem, der sie nach Black Lake Island in der Grafschaft Surrey führt, geht sogar ein Bilderbuch hervor, für das Barrie persönlich die Fotos knipst: »The Boys Castaways«. Es handelt von Seeräubern und Schiffbrüchigen, dargestellt von den fünf jungen Ausflüglern, und ist somit ein direkter Vorläufer der Piratenszenen aus »Peter Pan«, in denen sich der muntere Geselle als heldenmütiger Superstar erweist, dem nicht einmal der gefinkelte Bösewicht Hook gewachsen ist. Von den insgesamt zwei Exemplaren dieses Albums existiert heute nur noch eines, und es ist ebenso wie das Originalmanuskript von »Peter Pan« in amerikanischem Besitz (das eine an der Indiana, das andere an der Yale University).

Als durch den frühen Tod Sir Arthur Llewelyn Davies' »the Five« zu Halbwaisen werden, kommt James Barrie, den sein »Peter Pan« inzwischen zu einem rei-

chen Mann gemacht hat, für deren Lebensunterhalt und
Ausbildung auf, und als auch Lady Sylvia stirbt, leitet er
sogar das Adoptionsverfahren ein. Mit einem freilich
muß er sich abfinden: Kinder, die nach Art des Peter Pan
immer Kinder bleiben, gibt's nur im Märchen. Und gar
Kinder, denen ewiges Leben gewährt ist. George Llewelyn Davies fällt im Ersten Weltkrieg, Michael kommt
während seiner Studentenjahre in Oxford bei einem Ba-
deunfall um, Peter begeht Selbstmord, nur Jack stirbt eines natürlichen Todes. Der bis an sein Lebensende (Barrie stirbt 1937 als Siebenundsiebzigjähriger) an seiner
Seite bleibt, ist Nicholas, der Jüngste. Als Nicholas Llewelyn Davies in späteren Jahren – er lebt heute als pen-
sionierter Verleger in Kent – von der »Times« interviewt
wird, zeichnet er ebenso liebevoll wie nachdenklich das
Porträt eines Mannes, der an den Widersprüchen seines
Lebens, am Mißverhältnis von Traum und Wirklichkeit
nicht wenig gelitten haben muß. Sein »Peter Pan«-Kon-
zept ist nur auf dem Papier aufgegangen. Und auf der
Bühne.

Natürlich hat man Barrie wiederholt mit einem zweiten, nicht minder berühmten Kinderbuchautor des vik-
torianischen Englands verglichen: mit Charles Lutwidge
Dodgson alias Lewis Carroll, dem Oxforder Mathematiker und Schöpfer von »Alice in Wonderland«. Die Parallelen sind in der Tat evident: Was dem einen die kleinen Mädchen, waren dem anderen die kleinen Jungen.
Und beiden gemeinsam: die zölibatäre Lebensweise. Da
konnten Verdächtigungen nicht ausbleiben: von unausgelebter bis bloß unterbewußter Pädophilie. Nicholas
Llewelyn Davies schildert James Barrie allerdings als ein

Wesen von solcher Naivität, daß er all das anzügliche
Gerede um seine Person gar nicht wahrgenommen habe.

Ein Lokalaugenschein an den Londoner Ruhmesstätten
des Sir James Barrie will mit Bedacht vorgenommen sein:
Weder die allzu lieblich-süßliche Peter-Pan-Bronze, die
noch zu seinen Lebzeiten am Ufer des Serpentinenteichs
aufgestellt worden ist und bis heute zu den populärsten
Denkmälern der Stadt zählt, noch die kitschigen Wand-
malereien in den Gängen des Great Ormond Street Hospital for Sick Children verraten auch nur andeutungs-
weise etwas von den Melancholien dieses Dichters; in
den Kensington Gardens, deren Vogelinsel in »Peter
Pan«« verewigt ist, dominieren die Verbotsschilder, und
man muß schon einen Schlechtwettertag erwischen, um,
ungestört von Bettlerbrigaden, per Fahrrad patrouillie-
renden Bobbies und Joggern mit und ohne Walkman,
den Zauber ihrer Fauna zu genießen. Die Peter-Pan-Bil-
der, die am Wochenende auf dem Kunstmarkt längs der
Bayswater Road feilgeboten werden (in Wasserfarben ab
acht, in Öl ab vierzig Pfund), sind reine Fließbandware;
und wer im Duke of York's Theatre sich in die Stimmung
jenes 27. Dezember 1904 zu versetzen versuchen wollte,
da hier zum erstenmal »Peter Pan« in Szene ging, würde
spätestens in dem Moment aus seinen Träumen gerissen,
da er, kurz vor der abendlichen Saalöffnung, den Hand-
taschenkontrolleur seinen Posten beziehen sieht: eine im
terroristisch verunsicherten London unumgänglich gewordene Vorkehrungsmaßnahme. Den Abriß der berühmten Adelphi Terrace, wo James Barrie ab 1911
wohnte, Nachbar des Kollegen Shaw (mit dem man sich,

wenn der Anekdote zu trauen ist, zu verständigen pflegte, indem man einander Hammelknochen und Erdnüsse gegen das Fenster warf), hat der Dichter selber noch gramvoll miterleben müssen: An ihrer Stelle erhebt sich heute der Monster-Bürobau des Adelphi Building; der legendäre Ausblick auf Embankment und Themse bleibt also nunmehr Firmenmanagern, Sekretärinnen und Bürodienern vorbehalten. An das Südfenster des Barrie-Apartments im obersten Stockwerk, wo – während des Ersten Weltkriegs – Barrie, Shaw und Wells eine ganze Nacht lang die Scheinwerfer der britischen Flugabwehr beobachtet haben, erinnern nur noch die Aufzeichnungen der Stadtchronisten.

Besser ist es um Barries geistige Hinterlassenschaft bestellt: »Peter Pan« hat auch acht Jahrzehnte nach seiner Entstehung nichts von seinem Rang als Kinderbuchklassiker der angelsächsischen Welt eingebüßt; noch immer zählt die Figur des ewigen Kindes (die von der ersten Vorstellung an von jungen Mädchen gespielt worden ist, niemals von Knaben) zu den begehrtesten Rollen des Schauspielerinnennachwuchses zwischen London und Edinburgh; und mit Erich Kästners 1952 am Münchner Residenztheater uraufgeführter deutscher Fassung hat dieses sehr britische Werk auch in unserem Sprachraum Heimatrecht erlangt.

Ob's alle verstanden haben, ist eine andere Frage. Sonst hätte der »Junge, der niemals groß werden wollte«, wohl kaum – wie jüngst geschehen – ausgerechnet einem Luxusmonster seinen Namen geben können: Deutschlands größtem Fährschiff. Die Jumbo-Fähre »Peter Pan«, zwischen Travemünde und Trelleborg im Einsatz, rühmt sich, länger als ein halbes Fußballfeld und für 1700 Passagiere gerüstet zu sein. Mit Sauna, Fitneßraum und Swimmingpool, mit Video und Diskothek, mit Shopping Center und Konferenztrakt. Auch sonst fehlt es an nichts: Elektronisch kodierte Magnetkärtchen ersetzen die Kabinenschlüssel. Nur von einer Schiffsbibliothek hat man nichts gehört. Und schon gar nichts von einem Autor namens James Barrie. Peter Pan ist nicht an Bord.

Heidi hat gelebt
Johanna Spyri: »Heidi«

Der fast eben verlaufende Höhenweg zwischen dem winkeligen Weiler Rofels und dem Weinbauerndorf Jenins führt durch unberührte Landschaft: Felder, Kuhweiden, Obstgärten. Die Wingerte: sanft hügelig und nach alter Bündner Art mit niedrigen, groben Steinmauern eingefaßt. Die Bauern sind beim Heuen – ihr »Grüezi« ist bestimmt und knapp, mehr Registrierung als Bewillkommnung. Wenn ich mich umdrehe, habe ich Maienfeld in Draufsicht vor mir; jenseits der Bahnlinie und parallel zu ihr fließt der Rhein. Ich befinde mich im Herzen des Heidilandes – und schon bei dem Wort »Herz« stocke ich: Hüte dich davor, in Idyllik zu verfallen; der »heilen Welt« der Johanna Spyri, so mahnen mich die Jugendbuchforscher, nähere man sich mit Skepsis und Distanz. Gelänge es mir, ihnen das naive Naturkind aus den Schweizer Bergen als Satansbraten zu präsentieren, als Taschendiebin zu entlarven oder als Geheimprostituierte, wäre mir der Beifall der Philologen sicher. Und einer der begehrten Literaturpreise gleich obendrein.

Im Gasthaus am Weg lege ich mir meine Strategie zurecht. Das »Maitli« serviert Bauernrösti und Bündnerfleisch, vom Mittagsmenü ist auch noch ein Rest Capuns da – so nennen sie hier diese wohlschmeckenden Spinatnockerln mit Zwiebeln und Speck. Bezüglich der Weinwahl werde ich an den Wirt verwiesen: Er ist im Arbeits-

kittel, kommt gerade vom Feld. Wenn es ums Heidi
gehe, sagt er, sei der Herr Pfarrer die beste Adresse – ich
möge mich beeilen, am Abend habe er ein Schülerkon-
zert.

Ich läute ihn heraus; er ist gerade dabei, sich umzuzie-
hen. Daß Pfarrer Glade kein Mann der Gegend, sondern
gebürtiger Hamburger ist, ist ihm mit keiner Silbe anzu-
merken: Ohne perfekte Assimilierung ans Schweizeri-
sche hätte er es wohl nicht leicht, sein Amt auszuüben.
Das Salis-Haus, in dem er residiert, ist erst Pfarrhof, seitdem die Letzte des berühmten Bündner Aristokratenge-
schlechts, Lilla von Salis, den Besitz in eine Stiftung umgewandelt und kirchlicher Nutzung zugeführt hat. Die
Salis haben vom Großgrundbesitz, noch früher auch
vom Söldnerexport gelebt. Eine von ihnen, die angehei-
ratete Anna Elisa von Salis geb. Hössli, ist mit der Heidi-
Autorin Johanna Spyri ins Internat gegangen, und seit
jenen gemeinsamen Tagen im Haus Develay in Yverdon
am Neuenburgersee, wo der Hirzeler Landarzttochter
Johanna Heußer um die Mitte des vorigen Jahrhunderts
»die etwas störende Raschheit« ihrer Natur »in französische Grazie« verwandelt werden soll, sind sie und Anna
Elisa enge Vertraute. Sie bleiben es auch über ihre Pen-
sionatszeit hinaus: als die eine den Zürcher Stadtschrei-
ber Dr. Johann Bernhard Spyri und die andere den
Oberst Jakob von Salis heiratet. Vor allem in den Jahren
1872 bis 1885 lebt die alte Jugendfreundschaft wieder
auf: Johanna Spyri kommt, von Zürich via Bad Ragaz
anreisend, regelmäßig zur Sommerfrische ins Salis-Haus
nach Jenins. Gastgeberin und Gast, jene drei Jahre jünger als diese, brechen häufig zu gemeinsamen Wande-

rungen in der Berglandschaft oberhalb von Maienfeld und Jenins auf; die beiden unternehmungslustigen Damen mit den langen Spazierstöcken sind den Einheimischen ein vertrauter Anblick.

Eines Tages bleiben sie besonders lange aus; der Herr Oberst, der mit dem Mittagessen auf sie warten muß, ist ungehalten. Johanna Spyri nimmt alle Schuld auf sich: Sie sei unterwegs auf einen neuen Romanstoff gestoßen. Noch am selben Tag, außer sich vor Freude über die soeben empfangene Inspiration, setzt sie sich an den Schreibtisch und fängt ihr neues Werk an. Sie nennt es »Heidis Lehr- und Wanderjahre«, 1880 bringt es der Verlag Perthes in Gotha als Buch heraus, es ist ihr sechstes. »Eine Geschichte für Kinder und auch für solche, welche die Kinder lieb haben«.

Pfarrer Gerhard Glade, heute Hausherr auf dem ehemaligen, noch immer mit dem alten Familienwappen gekennzeichneten Salis-Besitz, führt mich durch die Räume, in denen einer der Weltbestseller der Kinderbuchliteratur seine Geburtsstunde erlebt hat. An dem Barocksekretär im heutigen Empfangszimmer könnte Johanna Spyri die ersten Manuskriptseiten geschrieben, in der Kammer im Obergeschoß, deren Fenster den Blick auf Pfarrgarten, Rheintal und Bergkette freigibt, könnte sie gewohnt haben. Die kostbaren Holzplafonds, die herrschaftlichen Stiegen, der mächtige Webstuhl im Flur stehen in krassem Gegensatz zu dem kargen Arme-Leute-Milieu, in dem Johanna Spyri ihre Romanheldin aufwachsen läßt, und die ausgesuchten Bestände der Bibliothek, die den heutigen Hausherrn als hochgebildeten Mann mit besonderem Hang zum Transzendentalen, als

Das »Heidi-Hüsli« in Rofels

Das Salis-Haus in Jenins

Saint-Exupéry-Kenner ebenso wie als Kübler-Ross-
Adepten ausweisen, fügen der aristokratischen Note von
einst die spirituell-intellektuelle von heute hinzu.

»Heidi« ist vom Start weg ein Riesenerfolg: Schon
zwei Jahre nach der deutschen Erstausgabe folgt die französische Version; in der nahen Kantonshauptstadt Chur
wird die Geschichte vom munteren Waisenkind aus den
Schweizer Bergen, das aus dem verbitterten, menschen-
feindlichen Großvater wieder einen umgänglichen Mitbürger, aus dem ungehobelten Geißenpeter einen ritter-
lichen und gelehrigen Burschen und aus dem an den
Rollstuhl gefesselten Stadtkind Klara Sesemann wieder
einen gesunden Menschen macht, zum bevorzugten
Schullesestoff; und wenn Johanna Spyri selber, von
allen Seiten zum Weiterspinnen des Heidi-Schicksals
gedrängt, sich nur einen einzigen Fortsetzungsband
(»Heidi kann brauchen, was sie gelernt hat«) abringen
läßt, so nehmen eben an ihrer Stelle andere die Sache in
die Hand und füttern den Markt mit skrupellosen Imita-
ten à la »Heidi grows up«, »Heidi et ses enfants« und
»Heidi grandmère«.

Schon früh setzt das allgemeine Rätselraten ein: Ist
dieses Heidi nun eigentlich reine »Erfindung«, nichts als
eine Kunstfigur? Oder ist die Autorin bei einer ihrer
Wanderungen durchs Bündnerland – gar bei jener gewissen, die den Tagesrhythmus im Hause Salis so völlig
durcheinanderbrachte – einem realen Vorbild begegnet?
Noch bei ihr selber treffen die ersten Leseranfragen dieser Art ein: Hat das Heidi wirklich gelebt? Was ist aus
ihm geworden? Hat's am Ende den Geißenpeter geheiratet?

Es ist nichts darüber bekannt, ob und wie Johanna Spyri auf solche Post reagiert hat. Andererseits hat sie Anfragen zu ihrer eigenen Biographie stets mit dem Hinweis abgewehrt, derlei brauche man nur ihrem Werk zu entnehmen: »Für den, der zu lesen versteht, ist die Geschichte meines Lebens und Wesens enthalten in allem, was ich geschrieben habe.« Ihrem Mann hat sie in der Erzählung »Aus dem Leben eines Advokaten«, ihrer Großmutter Anna Schweizer in der Figur der blinden Alten in der Geißenpeterhütte, einer frühverstorbenen Jugendfreundin in der Erstlingsgeschichte »Ein Blatt von Vrony's Grab« ein Denkmal gesetzt; von der Olga, Hauptfigur der ein Jahr vor »Heidi« veröffentlichten Erzählung »Verschollen, nicht vergessen«, sagt sie in einem Brief, es »liege viel von ihr selbst Erlebtes darin«; und als im Sommer 1881 die deutsche Familienpostille »Hausfreund« ihre Geschichte »Auf der Gemmi« vorabdruckt, die im Jahr darauf unter dem Titel »In sicherer Hut« (zusammen mit dem »Rosenresli«) in Buchform erscheint, bittet sie ihre Freundin Aline Kappeler-Wüest in Frauenfeld um ihr Urteil, und zwar unter ausdrücklichem Hinweis darauf, daß sich die Sache »wirklich zugetragen« hat: »Ganz so hat das kleine Mädchen sie erlebt und aufgefaßt, wie ich sie erzähle.«

Der Schweizer Jugendbuchexperte Hans Cornioley hat bei Johanna Spyris Charakteren »nie den Eindruck, es handle sich um Schicksale von am Schreibtisch erfundenen Figuren«, und für seinen Kollegen This Adank steht, speziell das Heidi betreffend, »ohne jeden Zweifel« fest, daß der Autorin während ihrer Ferien in der Bündner Herrschaft ein Mädchen über den Weg gelaufen

ist, das sie zu eben dieser Gestalt inspiriert hat. Waisen-
kinder hat es zu jener Zeit, da der Schweizer Bauernstand
von großem Elend heimgesucht und vielfach zum Aus-
wandern gezwungen ist, in beträchtlicher Zahl gegeben.
Der Spyri-Biograph Jürg Winkler berichtet, daß man im
Geburtsort der Dichterin, der oberhalb des Zürichsees
gelegenen Landgemeinde Hirzel, »bei kleinerer Bevöl-
kerungszahl als heute viermal mehr Todesfälle« gezählt
hat, und er nennt auch die Gründe dafür: »Seuchen, Un-
fälle und Krankheiten«. Lauter Fälle für die Armenfür-
sorge: »Starb ein Vater, so war es für die Mutter schwer,
ihre Kinder weiter zu ernähren, denn sie hatte in der Regel keinen Beruf erlernt. Starb die Mutter oder verloren
die Kinder gar beide Eltern, so war es der Normalfall,
solche Waisen als ›Verdingkinder‹ in eine Bauernfamilie
der Umgebung zu stecken – in der Hoffnung, dort würden sie einigermaßen recht erzogen.«

Dieses Waisenkind ausfindig zu machen, das Johanna
Spyri auf ihren Ferienwanderungen im Bündnerland begegnet sein und zur Figur des Heidi angeregt haben
könnte, sind wiederholt Versuche unternommen worden, und seitdem die Engadiner Touristenmetropole
St. Moritz – auf nichts anderes gegründet als den Umstand, daß die jüngste Fernsehversion nicht am Originalschauplatz Maienfeld, sondern in Grevasalvas bei Maloja
gedreht worden ist – sich frech zum »Heidiland« er-
nannt, ja sich den Titel sogar gesetzlich hat schützen lassen, ist der Ehrgeiz der Maienfelder, sich das ihnen strei-
tig Gemachte per »Ursprungszertifikat« zurückzuholen,
noch um einiges beflügelt worden. Man sollte sie dabei
unterstützen. Ist es nicht grotesk genug, daß es dessen

überhaupt bedarf? Denn schon der allererste Satz in
»Heidi« stellt eindeutig klar, wo Johanna Spyris Geschichte spielt: »Vom freundlich gelegenen alten Städtchen Mayenfeld aus führt ein Fußweg durch grüne,
baumreiche Fluren bis zum Fuße der Höhen, die von
dieser Seite groß und ernst auf das Tal hernieder-
schauen.« Und dann folgt ein Szenario auf das andere,
das der Umgebung von Maienfeld – und keiner anderen
als ihr – nachgestaltet ist: das »Dörfli« (hinter dem sich
der Weiler Rofels), die Hütte des Alp-Öhi (hinter der
sich die Sennhütte auf der Ochsenberg-Alm) und die
Geißenpeter-Hütte (hinter der sich der auf halber Höhe
gelegene Bauernhof verbirgt). Je nach persönlicher Kon-
dition und Wanderausrüstung kann jeder, den es danach
verlangt, die einzelnen »Stationen« von »Heidi« aufsu-
chen und verifizieren: Für den rot markierten »Kleinen
Heidiweg« sind anderthalb, für den grün markierten
»Großen« viereinhalb Stunden Fußmarsch zu veran-
schlagen. Und bei dem Einsiedler, der den Sommer über
die Hirtenhütte des Alp-Öhi bewirtschaftet, wird dem
Wanderer neben dem obligaten Erinnerungsfoto sogar
ein Becher unverfälschter Ziegenmilch kredenzt. Was ist
dagegen die Hütte, die die Kurdirektion von St. Moritz
an der Promenade von Chantarella aufgestellt hat, um
ihren Anspruch aufs »Heidiland« zu untermauern? Ein
ausgedientes Filmrequisit, das man den Fernsehleuten
nach Abschluß der Dreharbeiten abgekauft hat. Und auf
das amerikanische und japanische Touristen, bar jeglicher Kenntnis der Schweizer Geographie, prompt her-
einfallen.

Es hat leidenschaftliche Zeitungsdiskussionen über

dieses Thema gegeben, und man hat den rechtmäßigen
Heidi-»Erben«, den Leuten in Maienfeld, vorgeworfen,
sie hätten all die Jahre aus ihrem Kapital nichts gemacht,
hätten – aus Mangel an Phantasie oder aus Bequemlich-
keit – ihre Chance vertan. Antwort des Stadtpräsidenten
von Maienfeld in der »Bündner Zeitung« vom 9. April
1986: Zu der »schlichten Einfachheit« des Heidi passe
kein marktschreierisches Gehabe. »Wir wollen diese Geschichte nicht durch allerlei Klimbim verfälschen, sondern sie so lassen, wie sie ist. Unsere Wege sind andere
Wege.«

Quellenforschung ist einer davon. Und es scheint, daß
die Maienfelder damit Erfolg haben. Immerhin sind sie
einem echten, dem originalen Heidi auf der Spur. Sein
Name: Maiali Just. Doch das ist eine Geschichte für
sich ...

Da ist zuerst einmal der Lehrer Rudolf Balzer. Er unter-
richtet an der Volksschule Maienfeld, hat außerdem für
die von ihm geleitete Laienbühne eine Reihe von Theaterstücken geschrieben und ist im Nebenberuf Zivil-
standsbeamter, hat also Einblick in die örtlichen Kirchenbücher. Verheiratet ist er mit einer Bauerntochter
aus dem »Heidi-Dörfli« Rofels. Wenn also irgendeiner,
dann verfügt er über den rechten Zugang zu den Quellen. Und er weiß ihn zu nutzen. Eines Tages, anläßlich
einer Theaterprobe, gibt er sein frischerworbenes Wissen an seine Mitspieler weiter, und einer von ihnen, der
passionierte Heimatforscher Josef Schwarz, ehemals
»Meisterknecht« in der Landwirtschaft, später Be-
diensteter der Rhätischen Bahn, schreibt es nieder: Eine

Just sei das Urbild des Heidi gewesen, Maiali hätten die Leute sie gerufen. Wie Balzer (der 1979 in Maienfeld gestorben ist) zu seiner Entdeckung gelangt ist, kann man nur vermuten: wohl über Befragen der schwiegerelterlichen Verwandtschaft im Heidi-Dörfli Rofels sowie genauestes Studium der Kirchenbücher und Zivilstandsregister der fraglichen Zeit.

Auch bezüglich der äußeren Erscheinung dieses Maiali kursieren getreulich überlieferte Augenzeugenberichte. Als der St. Gallener Professor Georg Thürer (der unter anderem in den »Schweizer Heimatbüchern« das Heidi-Thema abgehandelt hat) auf Einladung der Salis-Stiftung in Jenins spricht, meldet sich nach dem Vortrag die Altbäuerin Dorothea Zimmermann-Comminoth zu Wort und gibt bekannt, daß man in ihrer Familie von Vorfahren wisse, die dieses Maiali nicht nur persönlich gekannt, sondern auch genau beschrieben hätten: barfüßig und mit einem einfachen Leinenkittel bekleidet. Und kraushaarig – wie bei Johanna Spyri. Insgesamt ein ausgesprochen ärmliches, aber durch und durch drolliges »Maitli«. Der ehemalige Gemeindepräsident Christian Obrecht, der die seinerzeitige Veranstaltung im Salis-Haus organisiert hat (und den ich auf seinem Besitz aufsuche), bestätigt mir Frau Zimmermann-Comminoths Aussage.

Im Jubiläumsjahr 1980 (»Hundert Jahre Heidi«) gedenkt man auch am Originalschauplatz Maienfeld des Weltbestsellers: In der Torkel-Galerie neben der Kirche wird eine Fotoausstellung aufgebaut, und der Hirzeler Heimatforscher Jürg Winkler spricht über Frau Spyris Leben und Werk. Seine Skepsis, was die Chancen der Ausforschung eines Heidi-Urbildes betrifft, ruft die Ge-

nealogen auf den Plan, und siehe da, sie werden fündig:
Am 15. März 1859 ist im Heidi-Dörfli Rofels eine Amalia Margreth Nigg zur Welt gekommen, auf die – wie wir
gleich sehen werden – nicht nur die örtliche Maiali-Just-
Überlieferung, sondern auch erstaunlich viel von dem
zutrifft, womit Johanna Spyri ihre berühmte Romanfigur ausgestattet hat: Sie hat in frühester Kindheit beide
Elternteile verloren; ihr Rufname Amalia kann sich in
der Umgangssprache leicht zum »Maiali« verändert haben (das die Dichterin dann ihrerseits zum »Heidi« ver-
fremdet); und der Mann, den sie als Einunddreißigjäh-
rige ehelichte, war ein Just (der um drei Jahre jüngere
Jacob Just). Als Johanna Spyri 1872 ihre allsommerli-
chen Ferienaufenthalte bei den Salis in Jenins aufnahm,
war Amalia dreizehn – also gerade alt genug, der Dichterin ihre »Lebensgeschichte« zu erzählen.

Bewiesen ist damit natürlich nichts, aber auch Spurenele-
mente haben ihren Reiz, und die Maienfelder, denen
man mit der Engadiner Annexion des Heidilandes
schweres Unrecht zugefügt hat, sollten das solcherart
begonnene Forschungswerk mit aller Kraft fortsetzen,
um ihre Ansprüche zu sichern. Im Topographischen
sind sie sowieso unschlagbar: Der Besucher, dem sowohl
der Große wie der Kleine Heidiweg zu beschwerlich ist,
kann sich mit einem einzigen Rundblick von der Hotel-
terrasse des Höhenkurortes Pfäfers aus über die diversen
Heidi-Schauplätze Übersicht verschaffen. Geradeaus,
hinter dichtem Wald versteckt, die Ochsenberg-Alm,
wo der Alp-Öhi, und gleich darunter der nach wie vor
bewirtschaftete Hof, wo der Geißenpeter daheim ist;

noch ein wenig mehr talwärts der Weiler Rofels mit dem
Heidi-Hüsli; und ganz links, schon gegen Liechtenstein
zu, das Dorf Guscha, aus dem das alte Walsergeschlecht
der Just stammt. Hier trifft der Wanderer heute nurmehr
auf verlassene Höfe: Wegen der Minenwerferübungen,
die die Rekruten der Grenzfestung St. Luzisteig an der
Gleckwand abhalten, hat man den dortigen Siedlern ihren Boden abgekauft, sie von Staats wegen entschädigt
und ins Tal abgeschoben. Nur an den Sommer-Wochen-
enden, wenn der Militärbetrieb ruht, ziehen die urigen
Leute vom Heimatverein, die auch in ihren neuen Sied-
lungen an den alten Guscha-Traditionen festhalten, auf
den Berg hinauf und bewirten den Gast mit ihrer kargen,
aber wohlschmeckenden Kost.

Die Walser sind ein Menschenschlag, der zusammen-
hält. Just ist einer ihre häufigsten Familiennamen. Noch
drunten auf dem Ortsfriedhof von Maienfeld (wo übrigens auch der »Via Mala«-Autor John Knittel begraben
liegt) finde ich zahlreiche Just-Gräber, in den Ortschro-
niken wimmelt es von Just-Hauszeichen, und auch die
Vorgänger der heutigen Heidihüsli-Besitzer in Oberro-
fels, die sich seit der jüngsten Fernsehserie der neugieri-
gen Besucher nicht erwehren können, hießen Just.

Auch mich führt der Weg, vorbei an Weingärten und
Bauernhöfen, an Holzbrunnen und am wappenge-
schmückten Prachtbau des ehemaligen Rathauses der
freien Walser, zu dem malerischen kleinen Anwesen, das
– authentisch oder nicht – als Heidis Winterquartier gilt.
Zindel heißen die jetzigen Bewohner; sie lassen mich –
nun, wo der ärgste Ansturm der Heidi-Pilger ausgestan-

den ist – gern ins Innere des Hauses ein, zeigen mir den ehemaligen Geißenstall, den winzigen Speicher, den kühlen Keller. Außen dürfen sie nichts antasten, sogar das alte Plumpsklo im Hof steht unter »Heimatschutz«. Die japanischen Touristen, die die Wegweisschilder nicht entziffern können, rücken mit einem eigenen Faltblatt an (und besonders eifrige schon in aller Herrgottsfrühe); das Gasthaus »Heidi-Hof« im Nachbarweiler Bofel achtet bei seinen Menü-Vorschlägen auf präzise Zuordnungen (und bietet als »Klara-Teller« prompt Kalbfleisch mit Reis, also Schonkost, an); und ältere Einheimische erinnern sich noch gut an die Geißenhüterbuben von einst, die von Hof zu Hof zogen, mit dem Horn den Bauern ihr Kommen ankündigten, die ihnen anvertrauten Tiere einsammelten und auf die Alm führten, einmal bei diesem, einmal bei jenem Bauern verköstigt wurden, einmal bei diesem, einmal bei jenem den Ranzen mit Proviant für untertags vollgestopft bekamen.

Zum Thema Heidi weiß hier beinah jeder etwas beizutragen: der Wahrheitsfanatiker, der klarstellt, daß am Heidi-Brunnen beim Römersteig, einem Geschenk der Schweizer Schuljugend zur 150-Jahr-Feier des Eintritts Graubündens in die Eidgenossenschaft, kein Heidi je seine Morgentoilette verrichtet hat; die umsatzschwache Andenkenhändlerin, die den Gemeindevätern vorhält, den Bau von Fahrstraßen zu den entlegeneren Drehorten versäumt und dadurch die Filmleute den cleveren Engadinern in die Arme getrieben zu haben; der Heile-Welt-Verteidiger, der sich gegen jene neueren Heidi-Interpretationen wehrt, die Alp-Öhi und Geißenpeter als erbitterte Sexualrivalen, Johanna Spyris Werk als Selbsttherapie einer frustrierten Matrone und den Roman selbst als ein Kitschprodukt aus Frömmelei und Naturpathos sehen; der Purist, den die allgemeine Heidi-Vermarktung – vom Autoaufkleber und Poststempel bis zur Kaugummiwerbung – anwidert; der Intellektuelle, dem es nicht in den Kopf will, daß eine Trivialschriftstellerin wie Johanna Spyri zwei Landsleute und Zeitgenossen von solchem Weltruf wie Gottfried Keller und Conrad Ferdinand Meyer in puncto Verbreitung ausstechen kann. Zu ihren Lebzeiten und bis zum heutigen Tag.

Jetzt sind die Lokalhistoriker und die Stammbaumforscher am Zug: Es gilt, die Akte Heidi-Urbild abzuschließen. Den in manchem noch lückenhaften Fund abzusichern, auszubauen, unangreifbar zu machen. An Zuversicht und Auftrieb fehlt es ihnen nicht, seitdem ihnen die Kollegen Kunsthistoriker in allernächster Nachbarschaft vorexerziert haben, wie man in Sachen Modellforschung noch nach 400 Jahren fündig werden kann. Es geht um das berühmte Bruegel-Gemälde »Die Heimkehr der Herde«, das, was seinen Landschaftshintergrund betrifft, bis zum Jahr 1969 in der gesamten Fachwelt als Phantasiedarstellung gegolten hat. Bis einem gewissen Manfred Walder aus Azmoos der Nachweis gelang, daß der Fluß, der durch das Bild strömt, der Rhein bei Bad Ragaz, der Berg im Bildhintergrund der Fläscher und die Ruine zur Linken Burg Freudenberg ist. Mit einem Wort: Der niederländische Meister hat nach der Natur gearbeitet. 1553, auf der Rückreise aus Italien, muß er in der Ostschweiz Station gemacht und die betreffenden Skizzen angefertigt haben. Ein Lokalaugenschein nordwestlich von Bad Ragaz und ein Besuch im Kunsthistorischen Museum in Wien (zu dessen berühmter Bruegel-Sammlung auch »Die Heimkehr der Herde« zählt) ergeben klare Übereinstimmung.

Vielleicht sind also auch die Heidi-Forscher bald am Ziel.

Ein Ehrendoktor für Alice
Lewis Carroll: »Alice im Wunderland«

»Humpty Dumpty« – so singen sie noch immer: die kleinen Mädchen von Oxford und Birmingham, von Glasgow und York.

> »Humpty Dumpty sat on a wall
> Humpty Dumpty had a great fall ...«

Weltliteratur als Kinderreim. Auch Donald Duck und Asterix haben der Traumfabel vom Mädchen Alice, das einem Kaninchen mit weißen Handschuhen in sein unterirdisches Wunderland folgt, nichts anhaben können. Der Hutmacher, der 24 Stunden am Tag Teestunde hält; die Königin, die alles, was ihr unter die Finger kommt, köpfen läßt; und die falsche Suppenschildkröte, die es nicht verwinden kann, keine echte Suppenschildkröte zu sein – sie alle leben. Und mit ihnen lebt Lewis Carroll, der sie vor hundertzwanzig Jahren erschaffen hat. James Joyce und Arno Schmidt haben in dem Kollegen aus Oxford ihren literarischen Urahn erkannt.

Oxford, die traditionsüberladene Universitätsstadt in Mittelengland, ist das Mekka der Lewis-Carroll-Fans. Daß das vielleicht exzentrischste aller Kinderbücher an diesem Ort seinen Ursprung hat, kann nicht verwundern: In Oxford ist alles ein bißchen anders. Noch heute gilt die alte Vorschrift, daß höchstens ein Viertel der

College-Studenten weiblichen Geschlechts sein darf;
die Themse, die die Stadt durchfließt, heißt hier plötzlich Isis; und Biologen haben herausgefunden, daß das
örtliche Klima Traum und Halluzination begünstigt.
Nicht umsonst haben sich Schriftsteller wie Tolkien,
Auden und T. E. Lawrence in Oxford besonders wohl-
gefühlt.

Unter den vierunddreißig Hochschulen der Stadt
nimmt »Christ Church« den höchsten Rang ein. Das seit
1525 bestehende College hat nicht nur zwanzig Premier-
minister hervorgebracht, sondern auch etliche Künstler
– und darunter einen von Weltruf: Lewis Carroll alias
Charles Lutwidge Dodgson (wie er mit bürgerlichem
Namen hieß). Nur wenige Schritte vom Hauptportal,
wo noch immer allabendlich der »Great Tom« mit 101
Glockenschlägen die einstmals 101 Studenten zur Nacht-
ruhe heimbeordert, können Sie den vertrauten Figuren
aus seiner Traumfabel »Alice im Wunderland« begeg-
nen, die britische Souvenirindustrie hält sie allesamt in
Nachbildungen für Sie bereit: Tweedledum und Tweed-
ledee, Humpty Dumpty und die Cheshire-Katze, deren
Gesicht auch dann noch grinst, wenn ihr Körper bereits
längst verschwunden ist. Lewis Carroll, ihrer aller
Schöpfer, war selbst für Christ-Church-Maßstäbe ein
extremer Außenseiter.

1832 bis 1898: Carrolls Lebensdaten sind beinah dek-
kungsgleich mit der 74jährigen Regierungszeit von
Queen Victoria. Es ist die klassische Ära der »guten Kin-
derstube«, Sittsamkeit und Prüderie bestimmen den
Umgang der Menschen untereinander. Auch im Spiel-

zeug spiegelt sich der Geist der Zeit: In den victorianischen Puppenhäusern herrscht peinlichste Ordnung,
beim Croquetspiel im Garten hinterm Haus geht's streng
geregelt zu.

Für Lewis Carroll war bis ins Mannesalter der Umgang
mit Spielsachen Teil seines Lebensglücks: Er bediente sich
ihrer als Köder, wenn es dem vor Erwachsenen-Kontak-
ten zurückscheuenden Linkshänder und Stotterer ums
Anknüpfen harmloser Kleinmädchenfreundschaften
ging. Außerdem war er selber ein unermüdlicher Erfinder
– etwa wenn er für seine jüngeren Geschwister laufend
neue Zerstreuungen ersann.

Als Lewis Carroll, der 19 Jahre alte Pfarrerssohn aus
Nordengland, nach Oxford kam, um in Christ Church
Mathematik, Theologie und Klassische Literatur zu studieren, ging's dort noch verzopfter zu als heute. Bei der
Immatrikulation hatten die Kandidaten niederzuknien,
die Länge ihrer Haartracht war vorgeschrieben, und
nicht nur das geistliche Lehrpersonal unterlag streng-
stem Zölibat. Für den Pedanten Carroll, dessen Berüh-
rungsangst so ausgeprägt war, daß er niemals seine
Handschuhe ablegte, muß es in vielem das ideale Milieu
gewesen sein, und so nimmt es nicht Wunder, daß er bis
zu seinem Lebensende hierblieb – zuerst nur als Mathematikprofessor, später auch als »Master of the House«.

Im Jahr 1855 bekam Christ Church einen neuen Chef:
Dean Henry George Liddell. Und dieser Mister Liddell
hatte drei kleine Töchter, deren mittlere Alice hieß. Zu
ihrer ersten Begegnung mit Lewis Carroll kam es, als dieser, zusammen mit einem Freund, die Kathedrale von
Christ Church fotografieren wollte – und zwar vom De-

Alice Liddell,
Urbild von »Alice im Wunderland«

»Alice«-Autor Lewis Carroll

kanatsgarten aus, wo gerade die drei Kinder beim Spielen
waren. So also wurde man aufeinander aufmerksam.
Man bat Carroll, doch auch von den lieben Kleinen ein
Bild zu machen, und Alices Bruder wurde von Stund an
zu dem honetten jungen Mann in den Mathematikunter-
richt geschickt.

Es war also das Hobby Fotografie, was Lewis Carroll,
den vierundzwanzigjährigen College-Tutor, und die
Kinder seines Vorgesetzten zusammenführte. Insbesondere Alice, die mittlere der drei Töchter, zu dieser Zeit
kaum vier Jahre alt, hatte es ihm angetan: »Eines der
hübschesten Kinder, die ich jemals gesehen habe: sanft,
mit unschuldigem Blick, keine seelenlose Puppenschön-
heit.« Alice Liddell in Zwiesprache mit ihrer Katze Di-
nah, deren Lieblingsplatz der große Kastanienbaum im
Dekanatsgarten von Christ Church war – hier also liegen
die Ursprünge für Carrolls Fabel »Alice im Wunderland«, hier kam's zur Initialzündung. Die Dekanstoch-
ter Alice Liddell als dreifache Muse: Sie inspirierte den
Dichter zu seiner Geschichte, er machte sie *in* dieser Geschichte zur Hauptfigur, und er schrieb die Geschichte
ausschließlich für *sie*.

Ein Werk der Phantasie, das gleichwohl eines Ansto-
ßes aus der Wirklichkeit bedurft hatte. Der Stoff, aus
dem Carrolls Träume sind, ist durchwebt von Fasern seiner Oxforder Erlebniswelt – die Lokalhistoriker haben
sie bis ins kleinste Detail freigelegt. Auf einer Kahnpartie
an einem heißen Sommertag des Jahres 1862 hatte alles
seinen Anfang genommen: Lewis Carroll, sein Freund
Robinson Duckworth und die drei Liddell-Kinder un-
ternahmen eine Fahrt von Christ Church zum Vorort

Godstow, vier Kilometer flußaufwärts. Von der Sitzver-
teilung im Themse-Boot bis zur Wettersituation am
Tag X – alles haben die Carroll-Fans ein Jahrhundert
später mit wissenschaftlicher Akribie und britischem
»sense of humour« verifiziert. Und der Dichter selber?
Er gibt über das große Ereignis in jenen Versen Auskunft, die sein Buch einleiten:

> Gemach im goldenen Nachmittag,
> Gleiten wir leis dahin,
> Da kleine Ärmchen ungeschickt
> Sich an den Rudern mühn
> Und wenig achten, ob durchs Naß
> Einen graden Pfad sie ziehn.

> Ihr schlimmen drei! Ach, lockts euch nicht
> Die Stunde hinzuträumen?
> Erzählen? Wo mein Atem sich
> Fast selber möcht versäumen?
> Und doch – vor solcher Übermacht
> Muß ich das Feld wohl räumen.

> Schon ordnet Prima hoheitsvoll
> Mir an: doch zu beginnen!
> Auch Unsinn, hofft Sekunda drauf,
> Kommt doch wohl vor darinnen?
> Und Tertia läßt nicht einen Satz
> Ohne »Wieso?« verrinnen.

> Doch bald wirds still, und alles lauscht,
> Wie's mit dem Kinde war,

Das träumend durch ein Land gestreift,
Gar neu und wunderbar,
Und freundlich mit den Tieren sprach –
Am Ende ist es wahr?

Alice Liddell selber war es, die auf der Heimfahrt ihren zwanzig Jahre älteren Freund bat, er möge die Geschichte, die man soeben aus seinem Mund vernommen hatte, doch auch niederschreiben. Und wie hätte Lewis Carroll seiner kleinen Muse diesen Wunsch abschlagen können? Anderthalb Jahre später, Weihnachten 1864, war es also soweit: Das 91-Seiten-Manuskript, vom Autor selbst illustriert, lag auf ihrem Gabentisch: »Alice's Adventures under Ground«. Und ein Jahr darauf – nun unter dem Titel »Alice in Wonderland« – erschien es auch im Druck. Freunde hatten Carroll dazu gedrängt, Alice dazu ihre Einwilligung erteilt.

Um die Story noch amüsanter zu machen, reicherte Lewis Carroll sie mit allerlei Schabernack an: Anspielungen auf Dinge, die Alice selber erlebt hatte. Außerdem ließ er Gestalten auftreten, die ihr persönlich vertraut waren, die sie also beim Lesen der Geschichte sofort wiedererkennen würde. Nehmen wir etwa die Episode mit dem Tränenteich, der von all dem seltsamen Getier übergeht: Da ist zunächst der »Dodo« – dahinter verbirgt sich Carroll selber (der ja von Haus aus Dodgson hieß), dann Duck, die Ente – das ist sein Freund Robinson Duckworth, und schließlich die Kinder: Alice – nun, das ist natürlich Alice Liddell, der Papagei »Lory« ist ihre ältere Schwester Lorina und »Eaglet«, der Adler, ihre jüngere Schwester Edith. So konnten sich alle, wenn Lewis Carroll den Kindern seine Geschichte erzählte, auf Anhieb wiedererkennen.

Immer wieder bei seinen Oxforder Spaziergängen mit Alice Liddell und deren Gouvernante stieß Lewis Carroll auf Anregungen, die als »Rohmaterial« in Szenarium, Personal und Handlung der Geschichte eingingen, und es bedurfte nur noch der genialen Phantasie eines Dichters und seines entfesselten Sprachwitzes, um daraus jene Gegenwelt zu formen, in der alle Gesetze von Logik und Physik außer Kraft gesetzt sind: ein »Wunderland«, in dem die Tiere und die Blumen sprechen, Kinder sich in Ferkel und Landschaften sich in Schachbretter verwandeln, Raupen Wasserpfeife rauchen und Hummer Quadrille tanzen, wo man mit Flamingos und Igeln Croquet spielt und wo ein kleines Mädchen – je nachdem, was es ißt oder trinkt – zur Riesenhaftigkeit wächst oder zur Winzigkeit schrumpft.

Noch heute, 120 Jahre nach der Entstehung der Geschichte, findet man in Oxford (und insbesondere in Christ Church) auf Schritt und Tritt solche Realitätspartikel, die Lewis Carroll inspiriert haben: vom Feuerbock in Gestalt eines langhalsigen Mädchens bis zur Kachelwand aus Fabelwesen. Und da einer von Carrolls besten Freunden Zoologieprofessor war, der ihn in so manche Besonderheit des Tierreichs einweihte, war auch für eine bunte Menagerie im »Wunderland« gesorgt. Im Universitätsmuseum von Oxford sind etliche dieser »Prototypen« aufbewahrt, allen voran der geheimnisvolle Brachvogel »Dodo«: letzte Skelettreste eines schon im 17. Jahrhundert ausgestorbenen Tieres.

Viele stellen sich Lewis Carroll als einen alten Mann vor, der erinnerungsselig der kleinen Alice Geschichten erzählt – dabei war er Anfang dreißig, als er das Buch schrieb. Im Grunde tat er eigentlich nur, was er immer getan hatte: Schon als er noch daheim im Elternhaus war, hatte er sich seinen sieben jüngeren Geschwistern leidenschaftlich gern als Storyteller nützlich gemacht. Es war also bloß eine Art Fortsetzung, bei der es dann freilich für sein gesamtes weiteres Leben geblieben ist: Er freundete sich mit Kindern an, und er fotografierte sie in seinem Dachatelier. Hätte er sich also nicht als Schriftsteller einen Namen gemacht, so wäre er noch immer als ein Meister des frühen Kinderporträts in die Kulturgeschichte eingegangen.

Für sein Foto-Hobby unterhielt Lewis Carroll nicht nur ein eigenes Studio, sondern auch einen Fundus aus zum Teil exotischen Kostümen, und zu den vielen kleinen Aufmerksamkeiten, die er seinen Modellen zukommen ließ, zählten Spielsachen, Tee-Parties und vor allem Briefe, die er an sie schrieb: Briefe voller geistreicher Einfälle und grotesker Zeichnungen, voller Sprachwitz und Übermut.

»Ob du in mir einen richtigen Freund sehen sollst und mir alles, was Du willst, schreiben kannst?« antwortet Carroll einer seiner kleinen Freundinnen auf deren Anfrage. »Aber natürlich darfst Du das, mein Kind! Wozu bin ich denn sonst gut?« Doch dann wechselt er hastig den Gegenstand – als sei es ihm selber unheimlich, sich weiter darauf einzulassen: »Ich will von mir nicht sprechen, das ist kein gesundes Thema.«

Also ein krankes? Biographen und Graphologen, Psy-

choanalytiker und Sexualforscher haben das Phänomen
Carroll zu ergründen versucht – zum Teil mit gewagten
Resultaten. Die ständigen Größenwechsel und Tränen-
ergüsse seiner Protagonistin Alice mußten als Symbole
unausgelebter Sexualwünsche herhalten, und die sub-
lime erotische Ausstrahlung einiger seiner frühreifen
Modelle schien solche Deutungen zu stützen. Als acht-
zig Jahre nach Carrolls Tod gar auch noch eine Reihe von
Nacktaufnahmen aus seiner Hand auftauchte, war das
Bild vom verhinderten Lolita-Lüstling perfekt. Heute
rückt man von solchen Spekulationen wieder ab und plä-
diert eher für eine eigene Kindfixierung des Autors: Peter Pan – der unschuldige Knabe, der für alle Zeiten ein
unschuldiger Knabe bleiben möchte. Als Carroll einmal
eine seiner kleinen Freundinnen küßte und nachher erfuhr, daß sie schon sechzehn war, also jenseits der
Schwelle des für ihn Zulässigen, erfaßte ihn Angst, und
er bat die Mutter der Betreffenden um Entschuldigung.

Dekan Liddell war ein äußerst fortschrittlicher Mann –
im Gegensatz zu Lewis Carroll, der viele der reformeri-
schen Ideen seines Vorgesetzten strikt ablehnte. Das
dürfte zu einer gewissen Entfremdung zwischen den beiden geführt haben. Andere Stimmen behaupten, es sei
zwischen Lewis Carroll und Dekan Liddells Frau zum
Bruch gekommen, weil diese sich gegen Carrolls angebliche Absicht gesperrt habe, Alice zu heiraten. Eine solche Verbindung sei wohl nicht das gewesen, was sie für
ihre Tochter angestrebt habe.

Eines steht fest: Würde Lewis Carroll heute leben,
würde ihn seine ungewöhnliche Neigung zu halbwüchsi-

gen Mädchen unweigerlich in falschen Verdacht bringen,
und er müßte sich bei deren Praktizierung größere Zu-
rückhaltung auferlegen als seinerzeit.

Übrigens sind nicht nur über ihn, über den *Autor* der
»Alice«, zahlreiche Biographien geschrieben worden,
sondern auch über das Alice-*Urbild*: die Lebensge-
schichte eines Mädchens aus gutem Hause, das einen
Schriftsteller zu einer seiner Figuren angeregt hat – und
zwar durch ihre bloße Existenz. Und durch die zärtliche
Zuneigung, die sie in dem um zwanzig Jahre älteren
Mann geweckt hatte. Die Alice-Liddell-Sammlung in
der Bibliothek von Christ Church zeichnet auf ihre
Weise die Stationen dieses Frauenlebens nach: vom in
Gold gefaßten Milchzahn des Babys bis zum Lorgnon
der Greisin. Und als 1932 die Vereinigten Staaten von
Amerika den 100. Geburtstag Lewis Carrolls feierten
(20 Jahre, bevor Walt Disney mit seinem Zeichentrick-
film den Alice-Kult aufs neue anheizte), lud man den
Prototyp, inzwischen selber eine Dame von 80, zu der
Zeremonie ein und verlieh der verwitweten Mrs. Alice
Hargreaves den Ehrendoktor der Columbia University.

Die Rezeptionsgeschichte des berühmten Kinderbuchs
aus dem Oxforder Professorenstübchen schwankt zwischen Extremen: vom Verbot (weil es eine Beleidigung
der menschlichen Rasse sei, Tiere nach Menschenart miteinander sprechen zu lassen), bis zur Negroisierung der
Hauptfigur in der Suaheli-Version von »Alice«. Sogar
Carrolls Autorschaft wurde angezweifelt; erst jüngst
machte sich ein Team kalifornischer Linguisten anhei-
schig, das kleine Werk allen Ernstes Königin Victoria in

»Alice« beim Fünf-Uhr-Tee, gezeichnet von John Tenniel

die Schuhe zu schieben. So sehr zählt »Alice im Wunderland« zum Allgemeinbesitz der Nation, daß es auch schon früh die Grenzen des Kinderbuchgenres sprengte und für Parodisten wie Pamphletisten ein willkommenes Instrument abgab, auf die großen Ereignisse dieser Welt zu reagieren und sie zu kommentieren. Ob Erster oder Zweiter Weltkrieg – Alice war mit von der Partie, und noch immer vergeht im Vereinigten Königreich kaum eine Woche, da nicht irgendeine Zeitungsschlagzeile, nicht irgendeine Pressekarikatur, nicht irgendeine Parlamentsrede auf eines der bekannten Alice-Motive anspielt. Im Seebad Llandudno hat man dem weißen Kaninchen, auf der Isle of Wight dem Humpty Dumpty ein Denkmal errichtet, mit wohltätigen Stiftungen im Namen von Alice werden Londoner Kinderspitäler unterstützt, und wenn auf Auktionen zwischen Brighton und Edinburgh Carrolliana auftauchen, muß man auf Höchstgebote gefaßt sein.

Lewis Carroll hatte eine besondere Gabe, mit Kindern in Berührung zu kommen – sei es auf Eisenbahnfahrten, sei es bei Besuchen, sei es am Badestrand. Und wurde seine Zuwendung erwidert, so notierte er sich die betreffende Adresse und schickte dem Mädchen mit der nächsten Post ein Exemplar seines letzten Buches ins Haus. War in späteren Jahren die Eisenbahn für Lewis Carroll einer seiner »Jagdgründe«, so faszinierte sie den heranwachsenden Knaben als technisches Wunder, dem er mit allerlei selbstgebastelten Miniaturen nacheiferte. (An seinem Kindheitsdorf Croft in der Grafschaft Yorkshire führte eine der ersten Bahnlinien des Landes vorbei.)

Im elterlichen Pfarrhof unternahm er auch seine ersten
Schreibversuche: Puppenspiele, Juxgedichte und Haus-
zeitungen; unter den Bäumen des Pfarrgartens hing er
seinen Träumen nach; und in der Landschaft ringsum
machte er mit jener Tierwelt Bekanntschaft, die später in
so bunter Vielfalt seine Bücher bevölkern sollte: Kaninchen und Maus, Siebenschläfer und Eidechse, Raupe und
Frosch.

Mit den anderen, den Meerestieren, kam er erst viel
später in Berührung: in Whitby, dem Hafen von Nord
Yorkshire, wo er 1854, nun schon Student in Oxford, bei
einem Sommerkurs für Mathematik zwei Monate zu-
brachte. Hier, am Strand, scharte er die Kinder um sich
und erzählte ihnen von Walrössern und Schildkröten,
von Fischen und Hummern, und die noch heute erscheinende »Whitby Gazette« darf sich rühmen, seine ersten
Geschichten gedruckt zu haben.

> »Ihr Austern, kommt!« das Walroß rief,
> »Wollt ihr uns nicht begleiten?
> Und unter traulichem Gespräch
> Mit uns am Strande schreiten?
> Doch höchstens vier! Mehr können wir
> Nicht an der Hand geleiten.«

An einem Beispiel läßt sich konkret nachweisen, welche
Spuren das Erlebnis Whitby in »Alice im Wunderland«
hinterlassen hat. Als Lewis Carroll und die ihm anvertrauten Schüler bei einem ihrer Ausflüge in ein schweres
Unwetter gerieten, veranstaltete er, um ihre durchnäß-
ten Kleider zum Trocknen zu bringen, einen Wettlauf –

mit einer Halfpenny-Münze als Siegerprämie. Im Buch
machte er daraus das große Wettrennen der Tiere, die
sich nach ihrem unfreiwilligen Bad in Alices Tränenteich
vor schwerer Erkältung fürchten.

Nicht nur Alice, sondern auch alle seine späteren kleinen Freundinnen (und es waren Hunderte, die er fotografierte und denen er Geschichten erzählte) haben berichtet, daß Lewis Carroll es auf wunderbare Weise ver-
stand, Kinder zum Mittelpunkt zu machen. Das schlug
sich auch in seinen Geschichten nieder – etwa, indem er
typische Äußerungen aus ihrem Mund unverändert wie-
dergab oder gemeinsame Beobachtungen oder sogar, indem er den betreffenden Namen an den Beginn der Geschichte setzte. »Alice im Wunderland« beginnt mit dem
Wort »Alice«, eine andere Geschichte mit dem Wort
»Beatrice« – so bekommt bei Lewis Carroll alles einen
ganz persönlichen Anstrich.

Mochte es dabei auch noch so harmlos zugehen, sein
passionierter Umgang mit kleinen Mädchen mußte den
sonderbaren Junggesellen in Oxford ins Gerede bringen. Also verlegte Carroll – den Sommer über – seine
Aktivitäten ins freiere Eastbourne, das Seebad an der
englischen Südküste. Zweiundzwanzig Jahre hindurch
verbrachte er hier seine Ferien, machte hier seine Kinder-
bekanntschaften, ging hier mit ihnen ins Theater, in die
Pantomime, in den Zirkus, begleitete sie zum Strand, lud
sie zu sich zum Tee ein und schrieb ihnen Briefe. 98721
Briefabgänge zählte man am Ende seines Lebens. Auch
führte er stets irgendwelche Utensilien mit sich, um sich
seinen »darlings« nähern zu können: Puzzle-Spiele, Er-

ste-Hilfe-Mittel. Am Strand von Eastbourne waren es
Sicherheitsnadeln, mit denen er ihnen, wenn sie in ihren
unbequemen victorianischen Kleidern zum Planschen
ins Wasser stiegen, beim Hochstecken der Röckchen
half.

Eastbourne ist heute mehr denn je in der Hand der
Touristen, obwohl es den Ruf hat, unter Englands alt-
modischen Seebädern das altmodischste zu sein. Oder
vielleicht gerade deshalb? In memoriam Lewis Carroll?

Im alten Devonshire Park Theatre ist jedenfalls noch
immer die Bühnenfassung von »Alice« im Repertoire;
eine Bürgerinitiative hat ein Straßenbauprojekt zu Fall
gebracht, weil dieses eine von Carrolls charakteristi-
schen Schachbrettlandschaften zerstört hätte; und bei
dem bekannten Sinn der Engländer für Nostalgie und
Aberwitz würde es vielleicht nicht einmal jemanden be-
fremden, wenn die Taucherschulen ringsum – in Erinnerung an den Unterwasserunterricht der falschen Suppenschildkröte – ihren Lehrplan plötzlich um ein paar neue
Fächer bereicherten: Schönschweifen und Bruchlächeln,
Erdbeerkunde und Nabelweh. Denn das Wunderland –
wenn man nur will – ist überall.

»*Ich bin das Zwieselchen!*«
Werner Bergengruen: »Zwieselchen«

Ich hatte eine Lesung in Mannheim, die Autorenabende
in der Kunsthalle sind eine guteingeführte Reihe, es
kommt ein aufgeschlossenes Publikum in ansehnlicher
Zahl. Wie auch andernorts üblich, ist man nach offiziel-
ler Beendigung der Veranstaltung noch in kleiner Runde
beisammen – hier war es eine Weinstube in nächster
Nähe. Ich kam der Reihe nach mit allen ins Gespräch –
am intensivsten mit einer Dame um die Sechzig, deren
kluge und temperamentvolle Rede mich besonders an-
zog. Ihre Kundigkeit nicht nur in literarischen, sondern
auch in literaturbetrieblichen Belangen machte mich stutzig, doch gab ihr Name keinerlei weiteren Aufschluß:
»Luise Hackelsberger«, so wurde mir auf Anfrage aufge-
tragen, möge ich ihr in das Widmungsexemplar meines
Buches schreiben. Und dann, nach kurzem Zögern, der
Zusatz: »Und als zweiten Namen Bergengruen. Es ist
mein Mädchenname. Ich bin das Zwieselchen.«

Zwieselchen, die geliebte Titelfigur aus Werner Bergengruens Kinderbuchklassiker. 1928/29 geschrieben,
1931 erschienen und seitdem ohne Unterbrechung auf
dem Markt, mal in Einzelausgaben, mal komplett. Jetzt
sind wieder die Einzelausgaben an der Reihe: »Zwieselchen im Warenhaus«, »Zwieselchen im Zoo«, »Zwieselchen und Turu-Me«, »Zwieselchen und der Osterhase«,
»Zwieselchens große Reise«. Das Berliner Kind der
zwanziger Jahre, das rund ums elterliche Siedlungshäus-

chen in Zehlendorf – »Onkel Toms Hütte« heißt noch
heute die zuständige U-Bahn-Station – die ersten
Schritte ins Leben unternimmt und dabei nicht aus dem
Staunen herauskommt: dem Staunen über die Wunder-
welt des City-Kaufhauses, über die Tiere im Zoo, über
seltsame baltische Osterbräuche, über die Zigeuner-
geschichten der Großmutter und über die lustigen Einfälle
von Onkel Sebastian. Am Schluß wird Zwieselchen samt
Tante Marlene auf eine große Reise an die Ostsee geschickt, und nach der Heimkehr stellt sich heraus,
warum: Ein kleines Schwesterchen ist geboren worden
und hat dem verdutzten Erstling als Einstandsgeschenk
eine Storchtüte mitgebracht. »Auf Wiedersehen, Kinder«, verabschiedet sich Werner Bergengruen von seinen
kleinen Lesern. »Wenn ihr größer seid, will ich euch andere Geschichten erzählen.«

Der Autor hat Wort gehalten. Während einzelne Episoden aus dem »Zwieselchen« in die Grundschullesebü-
cher Eingang fanden, lernten die höheren Jahrgänge Bergengruen als Lyriker und Romancier kennen – unter den
Erinnerungsstücken aus meiner eigenen Gymnasialzeit
finde ich, wohlversehen mit bedeutungsschweren Un-
terstreichungen und Randglossen, Schulausgaben des
»Spanischen Rosenstocks« und des »Letzten Rittmei-
sters«, von »Am Himmel wie auf Erden« und »Der
Großtyrann und das Gericht«. Und wenn ich weiter
wühlen würde, stieße ich bestimmt auch noch auf den
Entwurf eines stark Bergengruen-haltigen Deutschauf-
satzes – »Gliederung« nannte man das zu jener Zeit. Ich
hätte mir damals, um 1950, wohl kaum träumen lassen,
daß ich ein halbes Menschenalter später noch ein weite-

res Mal zu einem Bergengruen-Aufsatz antreten würde. Übers Zwieselchen. Und zwar über das echte, das Urbild, das Original.

Wirklich das echte? Ist nicht die Titelfigur aus Werner Bergengruens Kinderbuchserie ein Junge, die Person aber, die mir da in dieser Mannheimer Weinstube höchstvergnügt gegenübersitzt und sich forsch als Prototyp des Zwieselchens ausgibt, unter allen Umständen eine Frau?

Machen wir's kurz: Dr. Luise Hackelsberger geborene Bergengruen, Gattin des Kunsthistorikers und Industriellen Dr. Berthold Hackelsberger, Mutter dreier wohlgeratener Kinder, Deutschprofessorin i. R., ist nur auf dem Papier und nur für die Dauer jener paar Monate, da sie ihrem Vater für dessen Kinderbuch Modell stand, einer »Geschlechtsumwandlung« unterzogen worden, und sie räumt gerne ein, daß dabei vielleicht nicht nur literarische Präferenzen eine Rolle gespielt haben, sondern auch der vehemente persönliche Wunsch nach einem Stammhalter. Olaf, der Bergengruen-Erstling, starb als Kleinkind am Keuchhusten. Dann kam sie auf die Welt: Luise. Vier Jahre darauf wieder ein Mädchen: Maria. Erst das Viertgeborene war ein Junge: Alexander. Vater Bergengruens Reaktion auf das verspätete Eintreffen des Stammhalters zählt bis heute zum festen Anekdotenschatz der Familie: »Heute kriegst du zum Frühstück ein Ei!« sagte er zu Charlotte, seiner Frau. Aber natürlich tat diese Wertung, die früher gang und gäbe war, der Liebe zu seinen Töchtern nicht im geringsten Abbruch, und so ist die Geschichte des Zwieselchens ganz und gar die der Luise.

Luise (Nino) Bergengruen,
Prototyp des »Zwieselchen«

Mit den »offiziellen« Namen ist das ja ohnehin so eine
Sache: In den für ein solch temperamentvolles Kind wie
sie viel zu hausbackenen Namen Luise (den man zu Ehren der Großmutter mütterlicherseits für die Bergen-
gruen-Tochter gewählt hatte) ist sie zeit ihres Lebens
nicht hineingewachsen: Als ihr eigentlicher Rufname
setzte sich von Anfang an Nino durch, und das hatte
wohl mit jenen Schuhen aus Kaninchenfell zu tun, die
das »Ninchen« als Dreikäsehoch trug. Und der Phanta-
siename Zwieselchen? Mag sein, daß der damals gängige
Gassenhauer vom Quieselchen dabei Pate gestanden hat,
Mutter Bergengruen hat ihn oft gesungen: »Tanz, tanz,
Quieselchen, dann schenk ich dir' nen Mann ...«

Der Dichter selber erklärt die Sache so – gleich im An-
fangskapitel des Buches:

»Natürlich hieß das Zwieselchen in Wirklichkeit gar
nicht Zwieselchen, sondern ganz anders. Aber wer von
euch Bubi oder Pumpel oder Muckchen oder Mieze oder
Pudelchen genannt wird, der heißt ja in Wirklichkeit
auch nicht so. Und zum Zwieselchen sagten eben alle
Menschen Zwieselchen, der Vater und die Mutter und
die Else und die Kinder im Kindergarten, und auch die
gute Tante Montessori – so hieß nämlich die Kinder-
gartentante. Und weil die alle Zwieselchen zu ihm sagten, so wollen wir es auch tun.«

1927. Der Dichter aus dem Baltikum, den sein Vater, der
Rigaer Hals-Nasen-Ohren-Arzt Dr. Paul Bergengruen,
nach Lübeck aufs Gymnasium geschickt und in Marburg, München und Berlin hat studieren lassen, ist seit
acht Jahren verheiratet und seit drei Jahren Vater. Die

junge Familie ist die meiste Zeit ohne festen Wohnsitz, das
Quartier wechselt je nach der Verwandtschaft, bei der
man für eine Weile Unterschlupf findet: Weißenstein,
Danzig, Marburg, Odenwald. »Das war im Baltikum so
üblich«, erläutert »Zwieselchen« Nino-Luise Hackelsberger. »Man meldete sich für eine Woche an und blieb ein
Jahr. Gab's da nicht mal sogar einen berühmten Roman
über das Thema: ›Sie kam und blieb‹? Wir zählten in meinen allerersten Lebensjahren zum fahrenden Volk, auf
den langen Bahnfahrten von der einen Verwandtschaft
zur andern wurde im Zugabteil eine Hängematte für
mich aufgespannt. Bis schließlich eines Tages die Sache
mit dem Siedlungshäuschen in Berlin-Zehlendorf spruch-
reif wurde: ein Reihenhaus in der neuen Kolonie ›Onkel
Toms Hütte‹. 4000 Goldmark waren dafür zu erlegen,
meine Mutter konnte es ihrem Vater entlocken.«

Kurt Hensel war ein hochangesehener und wohlsitu-
ierter Mathematikprofessor an der Universität Marburg
(dem ein junger Dichter »aus dem Osten«, stets knapp
bei Kasse, wohl nicht auf Anhieb als der ideale Schwie-
gersohn erscheinen mochte). Nun also der erste feste
Wohnsitz – und der erste eigene. Riemeisterstraße 107 –
den Adreßstempel hütet Frau Hackelsberger noch heute
als ein Stück Kindheitserinnerung. Der berühmte Archi-
tekt Bruno Taut hatte die Siedlung erbaut – als die Nazis
kamen, mußte er emigrieren. Flachdach und farbig hieß
die Konzeption, »Ist da einer, der sich traut / und dem
guten Bruno Taut / seinen großen Pinsel klaut?« der dazugehörige Jux-Vers.

Dies also war »Zwieselchens« Heimat: das Vorgärt-
chen, ein Handtuch breit, dann die winzige Garderobe,

die nur für eine einzige Person Platz bot, die paar Zimmerchen unten und oben, dahinter nochmals ein Handtuch breit Gärtchen. Und links und rechts das gleiche – man wohnte dicht an dicht. »Für Kinder herrlich, während mein Vater eher darunter litt – vor allem, als der Nazismus ausbrach.« Da war Werner Bergengruens antifaschistische Gesinnung (die ihm 1937 auch prompt den Ausschluß aus der Reichsschrifttumskammer eintrug), da war Mutters jüdische Abstammung, und da waren die braunen Nachbarn – allen voran jene üble Blockwarttype, die für die NS-Frauenschaft agierte (und allgemein unter dem Spitznamen »Platsche« verhaßt war). Suspekt waren die Bergengruens übrigens auch noch aus anderen Gründen: weil in ihrem Haus (Vaters Schreibgewohnheiten wegen) nachts über Licht brannte und weil man – wie unbürgerlich! – ohne Gardinen an den Fenstern auskam. Kinder haben andere Beurteilungsmaßstäbe: »Zwieselchen« Nino-Luise traf es weit ärger, daß man ihren Vater einen »Nacktfrosch« nannte: weil er auch bei schlimmstem Schlechtwetter weder Mantel noch Schirm trug.

Den beginnenden NS-Terror nahm die unternehmungslustige ABC-Schützin (die an den singend vorbeimarschierenden SA-Trupps so großen Gefallen fand, daß sie die väterlichen Verbote, sich ihnen anzuschließen, nur als lächerlich antiquiert abtun konnte) erst wahr, als es von einem Tag auf den andern mit den heißgeliebten Siedlungsfesten ein Ende hatte: 1934. Sämtliche Kinder in den Farben Rot und Weiß geschmückt – damit also war's nun vorbei. Statt dessen schwenkten sie auf einmal alle Hakenkreuzfähnchen. Und aus den Spielgefährtinnen von einst waren stramme »Jungmädels« geworden. Um nicht gänzlich »leer« dazustehen, wenn man in der Schule gefragt wurde, welcher »Vereinigung« man angehöre, flüchtete sich Nino-Luise trotzig in das Bekenntnis: »Auerbachs Kalenderkind«. Das war nun freilich nicht, was die gleichgeschalteten Damen und Herren Lehrer hören wollten: »Auerbachs Kalender« war ein in der Vor-NS-Zeit sehr beliebter und stark verbreiteter Kinderkalender traditionellen Zuschnitts, der, wenn man sich in die entsprechende Liste eintrug, mit einer Art Mitgliedschaft verbunden war.

Für Nicht-Mitläufer wie die Familie Bergengruen wurde es also zunehmend ungemütlich in ihrem Siedlungshäuschen in Zehlendorf: Bunt und Flachdach und von einem jüdischen Architekten entworfen – das genügte, den Dichter (wie er später selber im Buch von der »Rittmeisterin« erwähnt hat) in den Ruf zu bringen, ein heimlicher Kommunist zu sein. 1936 zog man also aus, vermietete den Besitz und übersiedelte nach München-Solln. Eines freilich ließ man sich nicht nehmen: die Erinnerung an die vormals so schöne Zeit in der Riemeisterstraße und deren literarische Verewigung.

Da ist zunächst einmal das Zwieselchen-Urbild Nino-Luise, die, in einem Brief an den Vater zu dessen 70. Geburtstag, dankbar jener »winzigen Spielviertelstunde« gedenkt, die man täglich »in unserem Zehlendorfer Haus« vor dem Essen miteinander verbracht hat: »Du, die Störung durch Deine aus dem Kindergarten heimkommende Älteste gutwillig hinnehmend, ich, jene Heimkehr in Dein Bücherzimmer ungeduldig erwartend.« Was aber war der Höhepunkt unter den Inszenie-

rungen des »wunderlichen Spielgefährten«? »Wir stell-
ten die großen braunen Polster Deines Lehnstuhles gie-
belförmig aneinander auf den Boden, ich schlüpfte unter
dieses Dach, und dann geschah das Wunderbar-Furcht-
bare: Du zogst Deine Streichholzschachtel heraus und
zündetest unter anfeuernden Kampfesrufen das Haus an.
Unser beider Begeisterung war groß. Daß diesem Spiel
eine Wirklichkeit zugrunde lag, war mir selbstverständlich, und so hatte ich schon früh ein Gefühl dafür, daß
Seßhaftigkeit und Nomadentum gleicherweise unser Leben bestimmen mußten.«

Auch eine Kollegenstimme gibt es, die die Zwiesel-
chen-Zeit aus nachbarlicher Sicht erinnert: Oda Schaefer, die, zusammen mit Horst Lange, nebenan in der Riemeisterstraße wohnte und ständig unter Geldmangel litt.
Da sprangen die Bergengruens als »die am schnellsten
erreichbare Pumpstation« helfend ein: »Jeden Sonnabend holten wir uns fünf Mark, um sie artig und gewis-
senhaft am Mittwoch zurückzubringen und am nächsten
Sonnabend wieder zu holen. Wir waren zwar entsetzlich
arm, dafür aber ungeheuer begeistert. Und uns alle
schmiedete das Katakomben-Dasein der Anti-Nazis fest
zusammen.« Auch für Werner Bergengruens Künste als
Schnapsdestillierer – am jeweiligen Sonnenfenster des
Siedlungshäuschens das Wodka-Gebräu mit den »neun-
zig fürchterlichen Ingredienzien« der erforderlichen
Reifung aussetzend – fand Oda Schaefer rühmende
Worte, für die vorweihnachtlichen Pfefferkuchendüfte
im Nachbarhaus, für die anekdotengespickte gemeinsame Einkaufs-Pirsch auf dem Zehlendorfer Wochen-
markt.

Bergengruen selber stattete noch drei Jahre vor seinem
Tod im September 1964 dem Berlin jener Jahre Dank ab –
in seinen »Schreibtischerinnerungen«:

»Berlin war für mich die erste Begegnung mit dem
Phänomen der wirklichen Großstadt, nicht nur der großen Stadt ... Vieles an Berlin habe ich geliebt, am meisten wohl das prachtvolle Klima und den behenden Mut-
terwitz des Volkes.«

Doch das schönste Denkmal hat er »seinem« Berlin
fraglos in den Zwieselchen-Büchern gesetzt. Ob Schauplätze oder Personal, Ereignisse oder Aussprüche – alles
ist echt, ist dem wirklichen Leben entnommen: das
Kaufhaus Wertheim (dessen Kapitel, der jüdischen Besitzer wegen, aus der Gesamtausgabe von 1938 eliminiert
werden mußte!), der Zoo (von dessen Zwieselchen-Epi-
sode sogar noch eine Fotografie samt lebendem Löwen-
jungen im Schoß existiert), der »Flugbahnhof«, von dem
aus Zwieselchen und die Tante die große Reise an die See
antraten (und wo zu jener Zeit bei der Gepäckabferti-
gung auch noch die Passagiere auf die Waage steigen
mußten), der Privatkindergarten (Frau Hackelsberger
hat sogar noch die Adresse im Kopf: Im Kieferngrund 7)
und natürlich ihr Reihenhaus in der Siedlung Onkel
Toms Hütte. Der Onkel Sebastian – das ist Professor Albert Hensel aus Königsberg, ein Bruder der Mutter;
Tante Marlene – das ist Vaters frühverstorbene Schwester Ella Bergengruen; Else, die Hausgehilfin, hieß tatsächlich Else; und Bibi, mit richtigem Namen Gerhard
Riedel, war der Sohn der Kindergartenbesitzerin.

Als Nino Hackelsberger vor einigen Jahren ein nostalgisches »Zehlendorf revisited« veranstaltete, war sie er-

staunt, noch so viel von der einstigen Zwieselchen-Welt im Originalzustand vorzufinden: Das Bergengruen-Haus, erst in den frühen sechziger Jahren abgestoßen, tut noch immer gute Dienste, wirkt sogar, mittlerweile frisch gestrichen, recht modern, nur eben verdammt klein nach heutigem Geschmack. Rührendes Detail an einem der Nachbargrundstücke: ein Briefkasten mit der Aufschrift »Bitte keine Post einwerfen – Nistplatz!«

Auch die alte Konditorei Brumm, an deren »Osteraus-stellung« sich Zwieselchen nicht sattsehen konnte, ist nach wie vor am gewohnten Platz bei der U-Bahn-Sta-tion; hier wurde in späteren Jahren das Erscheinen jedes neuen Bergengruen-Buches gefeiert (was für die Kinder unlimitierten Verzehr von Sahnetörtchen bedeutete). Dann der Friseurladen mit dem Bergengruen-Porträt, das der Dichter, um Signierung gebeten, mit der In-schrift »Hier habe ich immer gerne Haare gelassen!« versah. Und schließlich die Buchhandlung Weber in der U-Bahn-Unterführung, die dem Schulkind Luise Ber-gengruen sein erstes pekuniäres Erfolgserlebnis beschert hat – samt nachfolgender herber Enttäuschung: Es ging um eine Werbeaktion des Kinderbuchverlags Franz Schneider, vorgedruckte Listen waren mit Adressen zu versehen, pro Namen 1 Pfennig. Ninchen war die eifrig-ste von allen: Im Nu hatte sie mehrere hundert beisam-men, die Schulpausen waren ihr Revier. Doch statt der erwarteten Honorarüberweisung erhielt sie eine schnöde Dankpostkarte des Verlages, der wohl mit soviel Eifer nicht gerechnet hatte; das lakonische »Leider leider – Dein Franz Schneider« traf sie mit solcher Wucht, daß den (daran unschuldigen) Buchhändler das Mitleid packte und er die tüchtige junge Kraft daraufhin in eigener Regie einsetzte: als Verteilerin von Weihnachtsprospekten. Zweite Enttäuschung: Dafür gab's zwar nun die stattliche Gage von 1 Mark, doch mußte sie ihr Wohlverdientes auf Geheiß des Vaters (»Meine Tochter arbeitet nicht für Geld!«) zurückerstatten. Nur die Gratis-Benützerkarte für die dem Geschäft angeschlossene Leihbücherei, die man ihr als Trostpflaster anbot, ließ ihr der strenge Herr Papa durchgehen.

Zu den Schätzen, die Frau Hackelsberger in ihrem heutigen Domizil in der pfälzischen Winzergemeinde Hardt hütet, zählt natürlich auch ihr eigenes »Zwieselchen«-Exemplar: gleich auf der ersten Aufschlagseite mit großen Buchstaben in Sütterlinschrift als ihr persönliches Besitztum gekennzeichnet. Es paßt zum stillen Wesen ihres Vaters, daß er alles unterließ, was beim Erscheinen des Buches an dessen Originalschauplatz zu Aufsehen hätte führen können. Nino Hackelsberger kann sich höchstens erinnern, dazu ermächtigt gewesen zu sein, es da und dort als Geschenk bei Kindergeburtstagen mitzubringen, und auch als sie später, nun selber Mutter, ihren eigenen Sprößlingen daraus vorlas, wurde aus solcher Veranstaltung niemals eine Weihestunde mit Familientags-Pathos: »Bei uns sind keine Schreine aufgestellt.« Schon gar nicht gab sie in ihren Jahren als Deutschprofessorin der Versuchung nach, mit Vaters Werk zu prunken: Alle anderen Schulklassen sind mit dem Namen Bergengruen häufiger konfrontiert worden als die ihren. Nur als Herausgeberin – etwa der postum erschienenen Verssammlung »Leben eines Mannes« – unterbrach sie die familientraditionelle Selbstverleug-

nung und gab in zwei Fällen auch ihr Gewidmetem
Raum: den Gedichten »Das Warenhaus« und »Der Vater
an das Kind«, dessen letzte Strophen wie folgt lauten:

> Zauberfäden, altverjährte,
> glitzern zwischen dir und mir.
> Wunderlicher Spielgefährte,
> Kleiner, bin ich dir.
>
> Kommst du zu gescheiten Jahren,
> bin ich längst davongefahren,
> Streift ein Flügelwind dich leis,
> denk, ich sei's.

Staunend durchschreitet das Zwieselchen in den fünf Büchern, die Vater ihm gewidmet hat, seine kleine Welt und
erobert sie sich Stück für Stück. Heute ist sie eine Frau
von über sechzig: eine Frau, die – so lautet die abgegrif-
fene Formel – das Leben kennt. Da ist für Staunen wohl
nicht mehr allzuviel Platz. Oder doch? Daß diese schma-
len fünf Bände, denen sie vor so vielen Jahren den Stoff
geliefert hat, längst die 120 000-Marke überschritten haben und noch immer Nachauflagen erleben, hat für sie
doch mancherlei Verwunderliches – und gar, wenn sie
sich dabei vor Augen hält, wie sehr sich das Lebensgefühl
der Kinder der achtziger Jahre gegenüber dem der zwanziger Jahre verändert hat. Wie echt und wie stark muß ein
Kinderbuch sein, wenn es ohne die kleinste Textände-
rung heil die Jahrzehnte übersteht: wenn also seine Figuren nach wie vor Kreisel spielen und Himbeersaft trinken
und Frühstückstaschen umgehängt bekommen, wenn

man von den Eltern noch zum Anlegen und Pflegen von Gartenbeeten angehalten wird und wenn die Abteilungsleiter in den Kaufhäusern noch Gamaschen über den Schuhen tragen.

Einziger wunder Punkt: das Thema Zigeuner. Das gestohlene Kalb in der Geschichte »Zwieselchen und Turu-Me« – das könnte man dem Autor als Rassendiskriminierung ankreiden. Obwohl doch gerade der Knabe Turu-Me eine äußerst liebenswert gezeichnete Figur ist. Tatsächlich sind seitens irgendwelcher Sinti-Funktionäre solche Vorbehalte gegen Bergengruen geäußert worden, schon vor Jahren einmal. Nino Hakkelsberger sieht möglichen neuen Angriffen gelassen entgegen – mit dem in der Tat entwaffnenden Argument: »Mein Vater hat nicht das mindeste gegen die Zigeuner gehabt. Wie hätte er auch können? Er hat selber lange genug wie das fahrende Volk gelebt, hat sich selber den Zigeunern zugehörig gefühlt.«

Im Haus des kleinen Prinzen
Antoine de Saint-Exupéry: »Der kleine Prinz«

Nicht, »daß es uns schützt und wärmt«, macht das Wunderbare eines Hauses aus. Auch nicht der »Stolz des Besitzes«. Sondern, »daß es tief im Herzen jene dunkle Masse sammelt, aus der wie Quellen die Träume entspringen«.

Kein Haus ist dieser Idealvorstellung, die Antoine de Saint-Exupéry in seinem Buch »Wind, Sand und Sterne« formuliert hat, so nahe gekommen wie jener weltentrückte Landsitz an der äußersten Südspitze der Halbinsel Eaton's Neck, wo er im Herbst des Exiljahres 1942 sein Weltraummärchen vom »Kleinen Prinzen« geträumt und geschrieben und gezeichnet hat. »Es war der beste Schreibplatz meines Lebens«, hat er wenig später selber bestätigt, »der vollkommene Zufluchtsort«. André Maurois, der Freund und Kollege, der wiederholt in Bevin House zu Gast gewesen ist, hat sich über den Riesenbesitz am Meer, versteckt in Wald und Schilf, nicht genug wundern können: »Es war, als brauchte er leere Zimmer für seine Phantome.«

Noch heute, wo die Räume inzwischen von Kindergeplärr erfüllt sind und vom Stimmengewirr eines vielköpfigen griechisch-amerikanischen Familienclans, wirkt das Haus unterbelegt. Damals, zu Saint-Exupérys Zeiten, war man zu zweit: der Dichter und Consuelo, seine Frau. Abgeschirmt von jeglicher Nachbarschaft; nur sein Verleger, einige wenige gute Freunde und das War

Department in Washington kannten die Adresse. Und
für den Fall, daß sich doch einmal ein telephonischer Zu-
dringling zu Wort melden sollte, hatte der Hausherr
(der, »um sein Französisch nicht zu versauen«, ohne die
Landessprache auszukommen pflegte) die Kurzformel
»Not at home« einstudiert. Viel mehr Erfolg war der
Englischlehrerin aus dem nahen Northport, die »Tonio«
(wie seine Frau ihn rief) ein paarmal zum Unterricht her-
überkommen ließ, nicht beschieden gewesen. Wenn er
zum Shopping nach Manhattan hineinfuhr und seine
Wahl getroffen hatte, rief er von dem jeweiligen Geschäft
aus einen seiner französischen Freunde an und bat ihn zu
dolmetschen, und dem Taxifahrer drückte er einfach einen Adreßzettel in die Hand. Widerstand gegen Fremdsprachen hatte er schon als Kind geübt: als man ihm gegen seinen Willen Deutschunterricht erteilen wollte.
»Ein Schriftsteller hat darauf zu achten, daß seine Sprache von fremden Einflüssen verschont bleibt.«

Als im November 1942 die »New York Times« dem
berühmten Gast ihre Spalten öffnete und dessen »Offenen Brief an die Franzosen in aller Welt« abdruckte,
setzte man nicht weniger als vier First-class-Übersetzer
auf den Text an, und derjenige, der Saint-Exupérys Stil
am besten traf, wurde schließlich verwendet.

Lokaltermin in Bevin House. Der Nahverkehrszug
der Long Island Rail Road (zu deren Netz auch Max
Frischs Montauk zählt) bringt mich in etwas mehr als
einer Stunde von der Madison Square Station im Herzen
Manhattans nach Northport. Es ist eines der typischen
Sommerfrischestädtchen vor den Toren der Millionen-
stadt: Strandpark mit Musikpavillon, Jachthafen mit

Belvin House in Eaton's Neck (Long Island), wo Antoine de Saint-Exupéry den »Kleinen Prinzen« geschrieben hat

Lobster-Restaurant, ein paar Antiquitätenläden und Boutiquen, der Rest die rasenumsäumten, weißgestrichenen Holzhäuser der New Yorker mit Zweitwohnsitz. Die E.T.-Plastikpuppe im Schaufenster eines Spielzeuggeschäfts an der Main Street wirkt für einen, der hinter dem kleinen Prinzen her ist, doppelt ernüchternd: ein Krüppel aus Kitsch und Kommerz. Wie sehr die Fernsehmythen unsere Vorstellungswelt beherrschen, sehe ich an dem eleganten Taxichauffeur mit dem Silberhaar, der mich vom Bahnhof zur ehemaligen Saint-Exupéry-Residenz bringt: Blake Carrington, wie er im Buche (der Serie »Der Denver-Clan/Dynasty«) steht. Kann man einem so mondänen Mannsbild Trinkgeld geben?

Der Weg durch den Ort bis zu der ihm vorgelagerten Halbinsel Eaton's Neck zieht sich: dicht aneinandergedrängt die Wochenendhäuser von Asharoken Beach. Erst wo die schmale Straße zum denkmalgeschützten Leuchtturm abzweigt und wo bis zur Mitte des 17. Jahrhunderts die Matinnecock-Indianer gesiedelt haben, ehe ihnen Theophilus Eaton, nachmals Gouverneur von Connecticut, den Boden abkaufte, wird's exklusiver: tief im Ulmengehölz versteckte Landhäuser, die meisten aus neuerer Zeit. Als Saint-Exupéry hier den »Kleinen Prinzen« schrieb, war er der einzige Siedler weit und breit und die kurvenreiche Bevin Road noch eine ungepflasterte Privatstraße ohne Hausnummern. Heute teilen sich mehrere *proprietors* in das kleine Zipfelchen Land zwischen Duck Harbor und Northport Bay; die Nr. 76 gehört seit einigen Jahren dem Manhattaner Bauunternehmer Nikos Kefalidis.

Meinem Besuch in den geheiligten Hallen gehen vor-

sorgliche Telefonate zwischen Wien und New York voraus. Der Hausherr ist, wie ich es nicht anders erwarte,
unabkömmlich; umso liebenswürdiger empfängt mich
seine junge Frau. Mrs. Laura Kefalidis praktiziert amerikanische *hospitality*: Alle Türen stehen mir offen, ich
darf mich vollkommen frei bewegen. Für die Führung
durchs Haus steht sie selber zur Verfügung, für Park und
Strand der Gärtner. Das Studio mit Erker und Meeres-
blick, in dem sich Saint-Exupéry von Mitternacht bis
Morgengrauen einbunkerte und bei Unmengen schwar-
zen Kaffees Stöße von amerikanischem Onion Skin Pa-
per mit den Abenteuern des kleinen Prinzen vollschrieb,
ist heute das Spielzimmer der Kefalidis-Kinder, und da
der »Kleine Prinz«, längst auch dramatisiert (und zur
gleichen Zeit, als ich mich in Amerika aufhalte, über das
Kabelprogramm von »Nickelodeon« als TV-Cartoon
ausgestrahlt), zu Mrs. Kefalidis' Lieblingsbüchern zählt,
wird das Kasperltheater, das den Raum dominiert, vielleicht sogar eines Tages als Saint-Exupéry-Bühne er-
probt werden.

Die Fotos von Bevin House, die, akkurat gerahmt, auf
einem der Flure hängen, stammen aus der Zeit vor dem
Ersten Weltkrieg: An den berühmten Insassen von 1942
erinnert nichts als das Anwesen selbst. Das breit hinge-
lagerte dreistöckige Landhaus mit der säulengestützten
offenen Veranda und dem großzügig angelegten Dach-
garten ist von seinen neuen Besitzern auf Hochglanz gebracht – der literarische Spurensucher, der sich wohl ein
wenig mehr Patina wünschte, schwankt zwischen Be-
wunderung und Enttäuschung. Um das heutige Erschei-
nungsbild von Bevin House zumindest mit ein wenig At-

mosphäre von einst anzureichern, muß ich also die Damen der Northport Historical Society bemühen, die vor
einigen Jahren in ihrem Museum an der Main Street,
drinnen im Ort, eine Ausstellung über »Famous Neigh-
bours« veranstaltet haben. Da war natürlich – neben
Herman Wouk und Jack Kerouac, die gleichfalls vorübergehend in Northport gewohnt haben – auch von
Saint-Exupéry und der »Geburtsstätte« des »Kleinen
Prinzen« die Rede: von der Farm des Unabhängigkeits-
kämpfers Jon Sloss Hobart, die der Schiffsbauer Corne-
lius De Lamater in einen Landsitz umwandelte; von dessen Enkel Sydney Bevin, der im Herbst 1942 das ererbte
Anwesen an die Saint-Exupérys vermietete; von der
sparsamen, ganz aufs rein Praktische beschränkten
Möblierung der Räume; von den damals auch hier spür-
baren Kriegsverhältnissen: reduzierter Straßenbeleuch-
tung und abendlicher Fensterverdunkelung, strenger
Benzinrationierung, verstärkten Polizeipatrouillen; von
den Gästen, die Saint-Ex (wie ihn seine Freunde zu nennen pflegten) ihre Aufwartung machten: dem Schriftstel-
lerkollegen André Maurois, dem Maler Max Ernst, dem
Dirigenten Pierre Monteux und dem Schweizer Kultur-
historiker Denis de Rougemont, der ihm bei den Zeichnungen für den »Kleinen Prinzen« Modell stand – und
das mitunter mitten in der Nacht, vom Hausherrn bei
»Bedarf« rücksichtslos aus dem Schlaf geweckt; von
Consuelo, Saint-Exupérys kapriziöser Frau, und der
katastrophalen Ehe der beiden; von Hannibal, dem Do-
bermannhund, der den Besitz bewachte; von der Haus-
hälterin, die die Exzentrik ihrer Dienstgeber mehr als
einmal an den Rand der Verzweiflung brachte; und von

der Englischlehrerin Adèle Breaux, die sich von ihrem störrischen Schüler nur deshalb so geduldig demütigen ließ, weil sie als Saint-Exupéry-Fan seinen Büchern (und wohl auch seiner männlichen Ausstrahlung) verfallen war. Daß sie dreißig Jahre später über ihre Erlebnisse in Bevin House – magere elf dem Dichter abgetrotzte Unterrichtsstunden, ein paar Einladungen zu Tee oder Dinner und gelegentliche flüchtige Einblicke in den Entstehungsprozeß des »Kleinen Prinzen« – ein Buch schreiben würde, an dem auch die offiziellen Saint-Exupéry-Biographen nicht würden vorbeigehen können, ahnte Miss Breaux damals gewiß nicht ...

Wie ist es überhaupt dazu gekommen, daß Antoine de Saint-Exupéry sein populärstes Werk, die Geschichte von der Freundschaft des einsamen kleinen Weltraumflüchtlings und des in der Wüste notgelandeten Piloten, die in fünfzig Sprachen (darunter auch Latein!) übersetzt worden, in vier Millionen Exemplaren verbreitet und bis heute so etwas wie ein Kultbuch geblieben ist (dessen 200 000 Käufer pro Jahr sich notabene aus allen Altersstufen rekrutieren), in Amerika geschrieben hat?

1939, Ausbruch des Zweiten Weltkriegs. Der ehemalige Militärflieger Antoine de Saint-Exupéry, Jahrgang 1900, einem alten südfranzösischen Grafengeschlecht aus der Gegend um Lyon entstammend, gibt seinen Job als Zivilpilot im Postdienst und als Flughafenchef auf und meldet sich wieder bei seiner alten Einheit. Trotz bereits überschrittener Altersgrenze erhält er die Zulassung: Der passionierte Pilot, der mit seinen autobiographischen Büchern »Südkurier«, »Nachtflug« und

»Wind, Sand und Sterne« längst auch ein berühmter Autor ist, findet bei Feindbeobachtungsflügen Verwendung. Als die Deutschen Frankreich besetzen, verschafft
er sich ein US-Visum und geht nach Amerika ins Exil.
Bedingung für seine Aufenthaltserlaubnis: Er muß,
wann immer es das War Department in Washington von
ihm verlangt, der US-Air Force zur Identifizierung von
Luftaufnahmen zur Verfügung stehen, die von Beobach-
tungsflugzeugen der Alliierten über Nordafrika gemacht
werden. Seit seiner Tätigkeit als Pilot auf der Strecke
Toulouse-Casablanca-Dakar und als Flughafendirektor
von Cap Juby gilt er als Experte, der sogar das eintönig-
ste Wüstenpanorama »entschlüsseln« kann. Seine »Ein-
sätze« in Washington erfolgen ohne Vormeldung, je
nach momentanem Bedarf, und sehen vor, daß er jeder-
zeit telefonisch erreichbar ist, auf der Stelle seine Arbeit
(also das Schreiben) unterbricht und mit dem nächster-
reichbaren Zug in die Hauptstadt fährt.

Die erste Zeit in New York wohnt er im Hotel: im
Ritz Carlton. Dann zieht er in ein Apartment am Süd-
ende des Central Parks um. Einundzwanzigster Stock –
das ist ganz nach seinem Geschmack: dem Himmel näher. Nur im Hochsommer wird die Hitze von New York
unerträglich, und Frau Consuelo sieht sich nach einem
Landsitz um. Das Haus in Westport, Connecticut, erweist sich als wenig glückliche Wahl: Man zieht wieder
um. Und diesmal ist es das Richtige: Bevin House, Eaton's Neck, Long Island. »Ich hatte mit einer Hütte gerechnet, und dann war's der Palast von Versailles.«

In diesem »Palast von Versailles«, der Saint-Exupérys
Englischlehrerin, die Frankreich-Kennerin Adèle Bre-

aux, an das Schloß seiner Kindheit erinnert: den elterlichen Besitz Saint Maurice de Remens, in dessen nächster
Nähe sich dem Zwölfjährigen zum erstenmal sein Le-
benstraum vom Fliegen erfüllt (an der Seite des Flugpio-
niers Védrines), ereignet sich jenes Wunder aus Imagina-
tion und Inspiration, dessen Resultat »Der kleine Prinz«
ist. Es ist ein doppeltes Wunder: Der versierte Reporter
(dessen Bücher allerdings immer auch stark reflektie-
rende Züge aufweisen) meistert nicht nur auf Anhieb die
Kunstform des Märchens, sondern entledigt sich auch
mit Bravour des ebenso kühnen wie klugen Verlagsauf-
trags, selber die Illustrationen beizusteuern, obwohl dies
absolut nicht sein Metier ist und Saint-Exupérys diesbe-
zügliche Ausbildung sich auf den Zeichenunterricht im
Gymnasium beschränkt.

  Gewiß, da gibt's schon vorher, noch in den Frank-
reich- und Nordafrika-Jahren, die ersten flüchtigen
Skizzen des kleinen Gesellen – auf Zettel und Speisekar-
ten fetzt er sie hin, wenn er im Restaurant aufs Essen
wartet oder im Fliegercamp auf seine Maschine. Es ist
schon der gleiche Junge im overallartigen Dress, mit der
blonden Mähne und mit vor Staunen weitaufgerissenen
Augen – einmal auf einer Bergspitze sitzend, einmal von
einer Wolke aus ins Weltall blickend, oft auch einfach
nur einem Schmetterling nachjagend. Seine Kriegskame-
raden, mit denen er sich zum Schachspiel trifft, zu Do-
mino und Poker, erkundigen sich bei ihm, was es denn
mit dieser immer wiederkehrenden Figur für eine Be-
wandtnis habe, die er mitunter auch in Buchwidmungen
einfügt und in Freundesbriefe. Saint-Ex gibt nur sehr
verschwommen Auskunft: Der kleine Kerl gehe ihm

eben im Kopf herum, er symbolisiere die Träume, denen
der Mensch nachlaufe, c'est tout.

Als Antoine de Saint-Exupéry im Sommer 1942 in
nächster Nähe seiner New Yorker Wohnung, im Café
Arnold am Columbus Circle, mit seinem amerikanischen Verleger, Curtis Hitchcock, zu einer Unterredung
zusammentrifft, kommt er wieder einmal ins Kritzeln –
beiläufig und selbstvergessen, auf der Papierserviette, die
neben seinem Gedeck liegt. Und wieder ist es dieser son-
derbare kleine Junge, den er da mit ein paar Bleistiftstri-
chen zu flüchtigem Leben erweckt. Das Motiv hat etwas
eindringlich Melancholisches, deutet auf Einsamkeit hin
und auf Traurigkeit – Hitchcock greift das Thema auf
und läßt nicht eher locker, als bis ihm sein Autor Rede
und Antwort steht. Wäre das denn nicht etwas für ein
Kinderbuch? Für ein modernes Märchen – vom Autor
selbst illustriert?

Saint-Exupéry erschrickt: An so etwas hat er nie gedacht. Aber er läßt sich überreden. Und macht sich, als
er einige Wochen später in Bevin House auf Long Island
seine ideale Traumwerkstatt gefunden hat, an die Arbeit.
Nacht für Nacht – wie ein Besessener schreibt er die Geschichte vom kleinen Prinzen nieder, der von Planet zu
Planet eilt, von Enttäuschung zu Enttäuschung, und
schließlich in der Einsamkeit der Wüste mit einem notgelandeten Piloten Freundschaft schließt.

Das »Material« für sein Märchen hat er im Überfluß
zur Hand: Da sind die eigenen Wunschträume des pas-
sionierten Fliegers, der, seitdem er diesen Beruf ausübt,
in Kontinenten und Kosmen zu denken gewohnt ist; da
ist die Erinnerung an seine Notlandung in der Sahara, die

ihn, zusammen mit einem Techniker, fünf Tage lang ohne Nahrung durch die Wüste irren ließ, bis die beiden von einer Karawane entdeckt und gerettet wurden; da tauchen die Bilder der Kindheit wieder auf – »Mondguk-ker« nannten sie ihn schon, als er noch zur Schule ging. Und das lautlose Verschwinden des kleinen Erdengastes am Schluß der Geschichte – ist es nicht wie eine makabre Vorwegnahme von Saint-Exupérys eigenem Exodus, der ein Jahr nach Erscheinen des »Kleinen Prinzen«, nun wieder bei seiner alten Fliegereinheit in Nordafrika, zu einem letzten Beobachtungsflug aufsteigt, von dem er – ohne daß sein Ende je genau geklärt worden wäre – nicht mehr zurückkehrt?

Die Amerikaner, die den »Kleinen Prinzen« noch vor den Franzosen kennenlernen (1943 erscheint er in New York auf englisch, erst 1945 folgt in Paris das französische Original, ganz zu schweigen von Deutschland, wo darüber noch weitere fünf Jahre vergehen), fördern noch manches andere Realitätspartikel zutage: Wer den Autor auch im strengsten New Yorker Winter, bei 15 Grad unter Null, niemals einen Mantel tragen sah, immer nur jenen gewissen langen Schal überm Jackett, der auch dem kleinen Prinzen bei fast allen seinen Abenteuern um den Hals flattert, wird auf Schritt und Tritt auf autobiographische Anspielungen stoßen, und wer gar in die mehr als schwierige Ehe der Saint-Exupérys Einblick gehabt hat, wird in der Parabel von der stolzen und eitlen Rose, deretwegen der kleine Prinz von seinem Planeten Reiß-aus nimmt, unweigerlich an Consuelo erinnert werden und an die Probleme, die die beiden – vor allem in ihren New Yorker Exiljahren – miteinander gehabt haben.

In Eaton's Neck auf Long Island, wo »Der kleine Prinz«
entsteht, bleibt Saint-Exupéry, solange es die Witterung
zuläßt. Immer wieder verlängert er seinen Aufenthalt in
Bevin House, das er so sehr liebt wie keinen Wohnsitz
vorher und nachher. Nach der Rückkehr nach Manhattan wechselt er noch einmal die Adresse: Beekman
Place an der East Side. Es ist ein exklusives Logis – einer
der Vormieter war die Filmschauspielerin Ethel Barry-
more. Heute im Schatten des UNO-Hauptquartiers, das
gleich daneben in die Skyline ragt, ist die einst berühmte
Aussicht nunmehr durch häßliche Industrieanlagen ver-
dorben, und auf den Parkbänken an der Waterfront
schlafen die Obdachlosen ihren Rausch aus.

Schon seit einiger Zeit unternimmt Saint-Exupéry alles Erdenkliche, um wieder nach Nordafrika zurückzu-
gelangen und an der Seite seiner Waffenbrüder am End-
kampf gegen Hitlerdeutschland teilzunehmen. Amerika
bedeutet für ihn doppeltes Exil: fern der Sprachheimat
und fern dem Fliegerhimmel. Endlich, am 15. März
1943, erhält er die Ausreisepapiere; die Kostümwerk-
stätten der Metropolitan Opera fertigen ihm im Eiltempo eine Privatuniform an. Vier Tage vor seiner Einschif-
fung nach Algier feiert die »New York Herald Tribune
Weekly Book Review« das Erscheinen der Erstausgabe
des »Kleinen Prinzen« – Rezensentin ist jene Pamela
Travers, deren Weltbestseller »Mary Poppins« Saint--
Exupéry bei jeder Gelegenheit als das gelungenste Kinderbuch seiner Zeit gepriesen hat.

In großer Hast nimmt der Dichter von seinen Freunden in Amerika Abschied. Silvia Hamilton Reinhardt,
die er im Hause seines englischen Übersetzers Lewis

Galantière kennengelert hat und die ihm eine goldene Erkennungsmarke mit fix und fertig eingravierten Daten (inklusive Blutgruppe) zum Geschenk macht, empfängt als Gegengabe seine alte Zeiss Ikon und das Ur-Manuskript des »Petit Prince«.

Die 175 Blatt Dünnpost mit den Text- und Bildentwürfen, zum Teil unvollständig, zum Teil aber auch (der verschiedenen Versionen wegen) doppelt, sind seit 1968 im Besitz der New Yorker Pierpont Morgan Library, und Kurator Herbert Cahoon, der der Autographensammlung des altehrwürdigen Instituts an der Madison Avenue vorsteht, erteilt mir die mit vielerlei Formalitäten verbundene Erlaubnis, den kostbaren Schatz einzusehen. Über drei Schreibmaschinenseiten erstrecken sich die Benutzerbedingungen, an meinem Platz im Reading Room wird eine Filzdecke ausgebreitet, sodann die Schachtel mit dem »working manuscript« herbeigeschafft, und ich darf unter Aufsicht (und unter genauer Anleitung, wie beim Umblättern der Seiten vorzugehen sei) meine Studien beginnen.

Unter solch dramatischen Umständen geriete ich wohl auch bei einem weniger wertvollen Manuskript, als es dieses ist, in einen Zustand mystischer Erregung. Da ist die kaum entzifferbare Handschrift des Dichters: winzigklein und sprunghaft, zuerst Bleistift, dann braune Tinte. Da sind die Flecken, die den Kaffeetrinker, die angebrannten Ränder, die den Zigarettenraucher verraten. Da ist die zerknüllte und mühsam wieder glattgestrichene Farbskizze: ein offensichtlich verworfener Versuch, der schon im Papierkorb gelandet war. Daneben anderes, das in der Endfassung unter den Tisch fiel: ein

Bild des gestrandeten Piloten, ganz klein das havarierte
Flugzeug im Hintergrund. Oder der unheimliche Affen-
brotbaum – noch drastischer, noch gewalttätiger als im
Buch den Planeten des Kleinen Prinzen umklammernd.

Niemals habe ich Stefan Zweigs Ergriffenheit beim
Betrachten von Autographen, seine wortreiche Be-
schwörung jener »geheimnisvollen Sekunde des Über-
gangs«, da eine Verszeile oder ein Prosasatz »aus der
Intuition eines Genies durch graphische Fixierung ins Ir-
dische tritt«, stärker nachempfunden als in diesem Augenblick – hier im Reading Room der Pierpont Morgan
Library in New York. Und auch Albert Einsteins Urteil
über den »Kleinen Prinzen« will mir auf einmal gar nicht
mehr so bombastisch erscheinen: »Saint-Exupéry ist einer der Männer, die die Welt retten könnten. Denn er ist
beides in einem: Mathematiker und Poet.«

Option auf eine Türklinke
Erich Kästner: »Emil und die Detektive«

November 1929. Erich Kästner, Anfang dreißig, lebt seit zwei Jahren in Berlin. Vor wenigen Wochen ist sein erstes Kinderbuch erschienen: »Emil und die Detektive«. Stolz berichtet er dem »Muttchen« in Dresden von den vielerlei Reaktionen, schneidet ihr Kritiken aus, dankt für die »sehr hübsche und vornehme« Tischdecke, die sie der jüngsten Wäschesendung beigepackt hat, und legt ihr seinerseits ein »kleines Freßscheinchen« bei, von dem sie sich »Schokoladpfefferkuchen« kaufen soll: »Das gehört sich so in der Adventszeit, nicht?« Ja, und noch etwas: die Sache mit dem Kinderbrief. Ein kleiner Junge habe ihm mitgeteilt, »Emil und die Detektive« sei ihm so nahegegangen, daß er sich unverzüglich auf den Weg gemacht und die diversen Schauplätze des Romans inspiziert habe. »Ist er nicht reizend, der kleine Kerl? Ist überall rumgelaufen – Kaiserallee, Trautenaustraße, Nollendorfplatz und so weiter – und hat sich die Gegend, in der der ›Emil‹ spielt, genau angeschaut. Rührend!« Kästner tippt den originellen Leserbrief ab und schickt seiner Mutter die Abschrift mit; das Original bekommt der Verlag, dort denkt man daran, ihn zu vervielfältigen und für Reklamezwecke einzusetzen.

Ich bin zwar kein kleiner Junge mehr, aber auch ich bin in einigen Weltgegenden »rumgelaufen« und habe mich an den Schauplätzen berühmter Bücher umgesehen, und so freue ich mich, auf diese Weise von kompe-

tenter Seite autorisiert zu werden. Nicht alle Schriftsteller denken so. Nicht alle mögen es, wenn man »ihren«
Spielplätzen, ihren Urbildern, ihrem Rohmaterial nach-
spioniert. Hier aber nun: Generalabsolution, Zuspruch
und Lob. Ob ich Erich Kästner beim Wort nehme?
Dresden, die Stadt seiner Kindheit, müßte diesbezüglich
eine Fundgrube sein: Hier spielt sein Erinnerungsbuch
»Als ich ein kleiner Junge war«, und hier sind ihm alle
jene Kinder über den Weg gelaufen, die ihn zu den Figuren in »Emil und die Detektive« und »Pünktchen und
Anton« inspiriert haben – damals, in den Jahren vor dem
Ersten Weltkrieg ...

Glück muß man haben, sonst braucht man sich auf ein
Geschäft wie dieses gar nicht erst einzulassen. Als ich das
Haus Otto-Buchwitz-Straße 48 betrete, in dem Erich
Kästner (als dies noch die Königsbrücker Straße war)
aufgewachsen ist, laufe ich einer älteren Frau in die
Arme, die gerade die Treppe herunterkommt, um einkaufen zu gehen. Halb neugierig, halb mißtrauisch mu-
stert sie den sichtlich ortsfremden Eindringling und stellt
ihn resolut zur Rede: »Was ist – suchen Sie etwas?«

»Nein, nein, nichts Besonderes, vielen Dank. Erich
Kästner soll als Kind in diesem Haus gelebt haben. Sie
wissen, der berühmte Schriftsteller.«

Ich habe Hemmungen, fortzufahren, es ist mir pein-
lich, diese fremde Person zu belästigen, sicher hat sie
nicht die geringste Ahnung, hat vielleicht nie den Namen
Kästner gehört – ich habe, was »Prominentenhäuser« betrifft, schon die deprimierendsten Erfahrungen gemacht.

»Dritter Stock links«, gibt die nun schlagartig Zutrau-

liche Auskunft. »Es ist unsere Wohnung. In der Schlaf-
zimmerecke beim Fenster ist noch immer der Fußboden
durchgebogen – von dem vielen Wasser, das beim Haar-
waschen hinuntergekippt ist. Erichs Mutter war nämlich
Friseuse ...«

»Ich weiß, ich weiß ...«

»Na, dann wissen Sie ja vielleicht auch, daß der Erich
ihr dabei geholfen hat, wenn er aus der Schule heimkam
und gerade Kundinnen da waren. Hat auf dem Gasherd
in der Küche das Wasser heißgemacht und in großen
Kannen ins Schlafzimmer geschleppt.«

»Ich weiß, ich weiß ...«

»Na, dann kommen Sie mit, dann zeig' ich's Ihnen.
Mein Mann war Tischler – zum Glück. Er hat den Bo-
denbelag selber in Ordnung gebracht – damals, als wir
vor siebzehn Jahren eingezogen sind. War ziemlich
schwierig, mußte richtig gepolstert werden. Die Mieter
vor uns – die hatten nichts gemacht.«

Ja, so einfach kann das sein: Aus einer Zufallsbegeg-
nung in einem Dresdner Treppenhaus wird ein minutiö-
ser Erich-Kästner-Lokalaugenschein. Und Frau F. ist
mir nicht einmal gram, daß ich sie dadurch um ihren
morgendlichen Einkaufsgang bringe. Führt mich durch
die enge Zweizimmerküchewohnung, von der sie sich
noch heute nicht vorstellen kann, wie die dreiköpfige Familie Kästner neben Mutters »Frisiersalon« in der Schlaf-
zimmerecke und Vaters Feierabend-Sattlerwerkstatt am
Küchenfenster auch noch, des dringend benötigten
Zusatzsalärs wegen, einen Untermieter beherbergen
konnte. Frau F. weiß, wovon sie spricht: Als sie selber
ein paar Jahre lang im Wohnzimmer eine kleine Gardi-

Dresden, Königsbrücker Straße 48:
Hier hat Erich Kästner seine entscheidenden
Kindheitsjahre zugebracht

nenspannerei betrieb, trat man einander immerfort auf
die Füße. Kein Wunder, daß die Frau Kästner eines Tages ihren Mann, der nach der Heimkehr aus der Koffer-
fabrik noch für die Nachbarn Taschen und Ranzen zu
flicken pflegte, in den Kohlekeller abschob – auch der
stinkende Leimtopf auf dem Küchenherd muß ja die
reinste Hölle gewesen sein.

Verglichen mit dem Heer von Ignoranten, die der
blinde Zufall in »berühmten« Wohnungen einquartiert,
denen solches Wissen entweder gleichgültig ist oder
überhaupt fremd und die sich jegliche Nachfrage und Inspektion, wie ich sie im Sinn habe, indigniert verbitten
würden, ist Frau F. in der ehemaligen Königsbrücker
Straße 48 in Dresden-Neustadt ein Musterbeispiel an
Kooperation. Als sie von einer anderen Hauspartei erfährt, daß sie die Kästner-Wohnung innehat, die durch
die 1957 erschienenen Kindheitserinnerungen »Als ich
ein kleiner Junge war« in allen Details in die Literatur
eingegangen ist, ist ihr erster Weg der in die Bautzener-
straße. Hier, in der Stadtbezirksbibliothek Nord, läßt sie
sich alles, was man von Erich Kästner im Regal hat,
reservieren und liest es Zug um Zug. Von keinem Menschen dazu angehalten, von keinem dazu angeleitet, ver-
spürt sie eine Art höherer Verpflichtung, sich der Besonderheit ihrer Adresse würdig zu erweisen, und als – lange
vor mir – zaghaft die ersten Kästner-Forscher und Käst-
ner-Fans bei ihr anklopfen, kann sie diesen zu deren eigener Überraschung wohlvorbereitet gegenübertreten.
So verschmelzen ihr eigenes Wissen und die gezielten
Fragen der Besucher mit der Zeit zu einer Art festem
Programm, zu dessen Stationen nicht nur der Blick auf

die Teppichstange im Hinterhof zählt, die Kästner als seinen »Lindenbaum« gepriesen hat, sondern auch ein Blick ins Gangklo im Halbstock – eine Fleißaufgabe, an der ihr, aller Abwehr des Besuchers zum Trotz, besonders gelegen zu sein scheint: zum Nachweis ihrer allumfassenden Sorgfalt.

Die Türklinke am Wohnungseingang, die ebenfalls noch die alte und also jahrelang von Erich Kästners Hand betätigt worden ist und auf die eine Kästner-Verehrerin aus der Schweiz ein begehrliches Auge geworfen hat, bereitet Frau F. Kopfzerbrechen: Soll sie dem Drängen der Bittstellerin nachgeben und ihr das geliebte Stück überlassen, oder hieße dies ihre selbstauferlegten Kustospflichten frevlerisch unterlaufen? Nun, fürs erste hat sie eine salomonische Zwischenlösung gefunden: hat von dem geheiligten Objekt ein Foto anfertigen lassen und in die Schweiz geschickt. Vielleicht also ist jetzt für eine Weile Ruhe. Was aber, wenn eines Tages eine neue Welle von Geschenkpaketen einsetzt – mit dem Ziel, die gestrenge Reliquienhüterin doch noch mürbe, doch noch einer Option auf die begehrte Türklinke geneigt zu machen?

Erich Kästners Kindheitsheimat in der Dresdner Neustadt, die ehemalige Albertstadt mit ihren Arbeiterwohnungen, dem Exerzierplatz und dem Garnisonsbezirk, hat das Inferno des Bombenkriegs relativ heil überstanden – vieles von dem, was in dem Buch »Als ich ein kleiner Junge war« so liebevoll geschildert ist, finde ich wenig oder kaum verändert wieder. Das Geburtshaus, Königsbrücker Straße 66, ein paar Nummern weiter stadtauswärts, ist sogar mit einer Gedenktafel versehen. Unten ein staatlicher Kunstgewerbeladen mit dem euphemistischen Firmennamen »Perle«, an den vom Treppenhaus aus zugänglichen Zweiparteienklosetts Juxschilder wie »Konzerthalle« und »Musikzimmer«, heiter kontrastierend zur Strenge der Hausordnung, die – nicht nur fürs laufende, sondern auch schon fürs folgende Jahr – die Zuständigkeiten beim »Flurkehren und Wischen«, beim »Hofkehren und Müllkübelordnen« exakt regelt. Die Mansardenwohnung im 4. Stock, in der am 23. Februar 1899 Erich Kästner das Licht der Welt erblickt hat, ist in der Zwischenzeit nicht geräumiger geworden: Kinderwagen und Schuhe haben ihren ständigen Platz vor der Tür.

Im Gasthaus »Sibyllenort«, wo Erich die zwei Liter Bier holte, mit denen man die Erteilung der Gewerbegenehmigung für Mutter Idas Frisiersalon feierte, nehme ich mein Mittagessen ein – es lohnt sich, die Auflösung der langen Gästeschlange abwartend, eine Stunde später wiederzukehren: Die Sülze und die Bratkartoffeln, die die privat geführte »Speisegaststätte« Ecke Jordanstraße an diesem Tag als Menü anbietet, munden vorzüglich, und das Radeberger Pils kommt frisch vom Faß.

Erich Kästners Schulweg läßt sich mit dem »Kleinen Junge«-Buch als Führer bequem nachvollziehen. Hinter den Bäumen am ehemaligen Albertplatz (heute »Platz der Einheit«) könnte sich Mutter Kästner, wie es ihre Art war, versteckt haben, wenn sie ihrem Liebling – aus Vorsicht, es möge ihm unterwegs nur ja nichts zustoßen – heimlich nachschlich. Das Schulhaus selbst, die »IV. Bürgerschule« in der Tieckstraße, existiert nicht mehr: An seiner Stelle breitet sich heute der Sportplatz der benachbarten kommunalen Berufsschule aus, und auch die altmodische Turnhalle des Turnvereins Neu- und Antonstadt in der nahen Alaunstraße, wo der knapp Sechsjährige sich an Reck und Barren übte, ist durch einen Nachfolgebau ersetzt: ein Jugendklubhaus. Die Dreikönigskirche, in der Erich Kästner getauft und konfirmiert worden ist, hat eine neue Bestimmung gefunden: als Vortragszentrum und Kunstgalerie.

An der Stelle des berühmten Albert-Theaters, wo Erich seine ersten Theatererfahrungen sammelte – Mutter und Sohn auf den billigsten Plätzen und für die Pause mit mitgebrachten Wurstbroten ausgerüstet –, breitet sich heute ein Parkplatz aus. Das einstige Neustädter Schauspielhaus, an dem unter anderem Heinrich George seine Karriere begann, hat zur Zeit des Expressionismus eine herausragende Rolle als Avantgardebühne gespielt: Hier ist 1916 Hasenclevers »Sohn« und im Jahr darauf Kokoschkas »Brennender Dornbusch« uraufgeführt worden. (OK lebte damals als Kriegsrekonvaleszent auf dem Weißen Hirsch.)

An der anderen Seite des Platzes, zur Antonstraße hin, die Überreste der Augustin-Villa: Hier hat Onkel Franz, der es als Fleischer und Pferdehändler zu Reichtum und Ansehen gebracht hatte, residiert; hier wurde der Arme-Leute-Sohn Erich Kästner mit seinen Leibspeisen aufgepäppelt; hier setzte ihn Tante Lina, die dem Kontor der Augustinschen Pferdehandlung vorstand, als Bankboten ein; und hier holte man Cousine Dora ab, wenn man zu einer der gemeinsamen Wanderungen oder Radtouren in die Umgebung von Dresden aufbrach oder zur Bahnfahrt in die Sommerfrische an der Ostsee.

Auch den Weg zum nahen Elbufer erspare ich mir nicht: die heutige »Brücke der Einheit« könnte einer jener Horrorplätze sein, an denen Mutter Ida Kästner, von Zeit zu Zeit die Nerven verlierend, Selbstmord zu verüben drohte – den kleinen Erich mit Küchentischzetteln wie »Sucht mich nicht!« oder »Leb wohl, mein lieber Junge!« in Angst und Schrecken versetzend. Aus dem Freiherrlich Fletscherschen Lehrerseminar, dem Erich nach der Volksschulzeit angehörte, ist eine allgemeinbildende polytechnische Oberschule geworden: Das türmchenbewehrte Gründerzeithaus an der Marienallee hat einen modernen Zubau erhalten. Den Bomben zum Opfer gefallen ist das Strehlener Seminar, das er nach Ableistung seiner Militärdienstzeit besuchte (und, mittlerweile entschlossen, den ursprünglich angestrebten Lehrerberuf doch nicht zu ergreifen, vorzeitig verließ).

An diese kurze Episode wurde Kästner viele Jahre später erinnert, als er, 1967 – im »Austausch« gegen Anna Seghers – einer Einladung des PEN-Zentrums der DDR zum Besuch seiner Heimatstadt Folge leistete und vis-à-vis im neuerbauten Staatshotel Astoria Quartier bezog. Es war übrigens ein weitgehend mißglücktes Unternehmen: Die notorische »Aufpasserei« seiner Gastgeber verdroß den aus der neuen Heimat München Angereisten nachhaltig, seine Lesung im Gobelinsaal der Gemäldegalerie wurde plump zu staatspolitischer Vereinnahmung mißbraucht, und als man sich gar anschickte, das Riesentrumm Kasseler, das einer aus der Fleischerdynastie der Augustins dem berühmten Verwandten als Gastgeschenk zugedacht hatte, einer hochnotpeinlichen sicherheitspolizeilichen Inspektion zu unterziehen, hatten

sie in ihrem unsäglichen Behördeneifer wohl vollends
durchgedreht...

1967 – da waren die Reihen der Gefährten aus der Dres-
dener Kindheit schon ziemlich gelichtet. Die Eltern sowieso längst unter der Erde: die Mutter seit sechzehn,
der Vater seit zehn Jahren. Und Cousine Dora, die in
Erich Kästners Erinnerungen ebenfalls breiten Raum
einnimmt, war schon als junge Frau gestorben: am Kind-
bettfieber, nach ihrer ersten Niederkunft.

Inzwischen sind weitere zwanzig Jahre verstrichen –
die Suche nach den Urbildern der Kästner-Figuren ist
nicht leichter geworden. Der Emil aus »Emil und die Detektive« – das ist klar: Da hat der Autor aus seinem eigenen Erlebnisvorrat geschöpft. Bei dem Doppelmotiv
Gelddiebstahl/Täterverfolgung mag er einerseits an die
stattlichen Beträge, die er als Tante Linas Geldbote zur
Bank zu bringen hatte, und an das damit verbundene
Herzklopfen gedacht haben, andererseits an die Entlarvung jenes hochstaplerischen Fräulein Strempel alias
Nitzsche, die in übel geschäftsschädigender Weise seine
Mutter zum Narren gehalten hatte. Und was den Namen
»Emil« betrifft, so war dies, vom Vater »ererbt«, sein
eigener zweiter Vorname.

Komplizierter wird's bei den Mädchenfiguren: bei
Pünktchen (aus »Pünktchen und Anton«) und Pony
Hütchen (aus »Emil und die Detektive«). Luiselotte En-
derle, Kästners langjährige Lebensgefährtin und Biogra-
phin, hat alle beide – wohl ein wenig salopp – der berühmten Cousine Dora zugeordnet, und Kästner hat ihr
nicht widersprochen. Pünktchen, die reiche Fabrikan-

tentochter mit der blühenden Phantasie und dem patent zupackenden Naturell – da scheint in der Tat mancherlei Übereinstimmung: In der Hechtstraße, wo »Dorles« Elternhaus steht und wo der heruntergelassene Rollbalken und die zu Autogaragen umfunktionierten Stallungen noch heute an Vaters Pferdehandlung erinnern, gibt es nach wie vor Leute, die das gute Kind gekannt haben, und sie berichten übereinstimmend von einer ebenso behüteten wie altruistischen Jungmädchenexistenz. Ein Beispiel für viele: In den Jahren des Ersten Weltkrieges glich Doras Backfischzimmer (nun schon in der vornehmen Villa am Albertplatz) einem Mittelding zwischen Warenlager und Post – hier hat sie in eigener Regie haufenweise Feldpostpakete gepackt. »Sie war zu gut für diese Welt«, lese ich auf ihrem Grabstein auf dem St. Pauli-Friedhof (wo übrigens auch, weit weniger pompös, Kästners Eltern begraben liegen).

Aber da gibt's auch noch andere Inspirationsquellen, die für diese oder jene Kästner-Figur Farbtupfen beisteuern. »Pony« – so ruft er eine seiner Liebschaften aus frühester Berliner Zeit. Und was ist mit Else Kölling, seiner Dresdner Tanzstundendame? Als die alte Dame, Witwe eines Pastors, kürzlich ihre Bibliothek auflöste und zum Verkauf anbot, kam sie ins Plaudern – auch sie hätte also bestimmt einiges zum Thema beizusteuern. Und schließlich Hanni Wolschke, die Lieblingscousine aus der anderen, der Kästner-Sippe. Auch wenn in seinem Erinnerungsbuch »Als ich ein kleiner Junge war« die Kästners neben den Augustins verblassen (und inzwischen sogar festzustehen scheint, daß Erich Kästner nicht von seinem legitimen Vater, dem vom selbständi-

gen Sattlermeister zum lohnabhängigen Fabrikarbeiter
degradierten Emil Kästner, sondern vom Hausarzt der
Familie, dem jüdischen Sanitätsrat Dr. Zimmermann,
gezeugt worden ist), bleibt unbestritten, daß das Kind
Erich auch bei der väterlichen Verwandtschaft ein und
aus gegangen ist, daß ihm Onkel Paul in der Dürerstraße
bei diesem oder jenem festlichen Anlaß eines der begehrten »Goldstückchen« zugesteckt und daß Cousine Hanni
(die im Gegensatz zu der fünf Jahre älteren Dora zwei
Jahre jünger war als er) eine Zeitlang zu seinen engsten
Spielkameradinnen gezählt hat.

Auch in reiferen Jahren blieb man miteinander in Verbindung: Keine Buchneuerscheinung, von der Erich
Kästner nicht ein Widmungsexemplar für seine »liebe
Hanni« abzweigte, und als man ihr während der NS-
Zeit, nun schon verheiratet und Mutter eines Kindes,
diesen ihren (mit schweren Geburtsfehlern behafteten)
Sohn wegnimmt und in einer der berüchtigten Euthana-
sieanstalten des »Reichs« umbringt, ist es der Dichter,
der sie mit seinem eigenen Schmerz zu trösten versucht:
dem Schmerz um seine vielen jüdischen Freunde, denen
Gleiches widerfährt.

Hanni Wolschke, die ich in ihrer Dresdner Pensioni-
stenwohnung in der Nürnberger Straße aufsuche, ist eine
der letzten lebenden Zeuginnen jener Kästner-Jahre vor
dem Ersten Weltkrieg, die dem Dichter für seine frühen
großen Bucherfolge das Rohmaterial geliefert haben:
Milieu und Personal, kindliche Konfliktaufarbeitung
und Wertordnung. Auch sie, die heute halbblinde Greisin, die in Erich Kästners Frühwerk so manches Ingre-
diens ihrer eigenen Kindheit wiedererkannt hat, die – ne-

ben den »normalen« Kästner-Büchern im Regal – das
Miniaturbändchen »Erich Kästner in Probepackung«
stets griffbereit hat, die bei seinem Dresdner »Staatsbe-
such« anno '67 ständig um ihn war, die mit ihm auf dem
St.-Pauli-Friedhof die Gräber der Verwandten aufsuchte
und die es sich sogar leisten durfte, ihm wegen seiner
Erziehungspraxis betreffend Sohn Thomas Vorhaltungen zu machen, mag also ihrerseits ihren Beitrag dazu
geleistet haben.

Kästner selbst hat in einem seiner Gelegenheitsauf-
sätze dies als die entscheidende Voraussetzung für Talent
und Fortune des Kinderbuchautors bezeichnet: die
»Personalunion« von Erwachsenem und Kind. Stunden-
lang hätten er und zwei andere Große seiner Zunft, die
Schwedin Astrid Lindgren und die Engländerin Pamela
Travers, bei einem Treffen in Zürich Anfang der fünfziger Jahre, sich über dieser Frage die Köpfe heißgeredet.
»Und wir kamen, trotz einiger Sprachschwierigkeiten,
sogar zu einem Resultat. Der tägliche Umgang mit Kindern, als Mutter oder Lehrer oder Großvater, spiele
zwar eine Rolle. Er bereichere die Echtheit der Erzählung. Aber die Hauptrolle, die spiele er keineswegs. Der
gute Kinderbuchautor habe, fanden wir, den übrigen guten Schriftstellern eines voraus, und nur dies sei entscheidend: er stehe in unzerstörtem und unzerstörbarem
Kontakt mit der *eigenen* Kindheit.«

Das lungenkranke Paulinchen

Heinrich Hoffmanns »Paulinchen«: »Die gar traurige
Geschichte mit dem Feuerzeug«

Im alten Teil des Frankfurter Hauptfriedhofs geht's vor-
nehm zu. Die hier bestattet liegen, heißen Feuerbach und
Böhmer, Diesterweg und Hess – lauter beste Familien,
Alt-Frankfurts erste Garnitur. Darunter auch mancher-
lei Kulturprominenz: Namen wie Schopenhauer und
Schlegel, wie Gutzkow und Beutler machen den Süd-
westtrakt im Winkel Eckenheimer Landstraße/Rat-Beil-
Straße zu einer Art Ruhmeshain der ehemaligen Freien
Reichsstadt. Um so stärker fällt unter all den Familien-
grüften und Ehrenmalen ein besonders schlichtes Einzel-
grab auf, dessen Inschrift sich auf die bloße Wiedergabe
des Namens beschränkt – ohne allen Titelschmuck, ohne
Aufzählung von Verdiensten um Stadt und Land, um
Volk und Menschheit, die doch eigentlich erst ein ewiges
Ruhen an diesem privilegierten Platz rechtfertigen würden. Nun könnte es ein dermaßen brillanter, ein jeder-
mann so vertrauter Name sein, daß sich derlei Erklärun-
gen erübrigen. Marianne von Willemer, deren Grab am
gleichen Weg liegt, wäre ein solches Beispiel: Auch ohne
alle Nachhilfe weiß jeder in der Literaturgeschichte Be-
wanderte: Goethes Suleika.

Aber Pauline Schmidt – können Sie damit etwas anfangen? Ein friedhofsamtlicher Irrtum? Die berühmte Aus-
nahme von der Regel? Eine *displaced person*?

Sehen wir uns die Sache näher an. Das Grab befindet

sich im rechten hinteren Abschnitt der im englischen Stil
entworfenen Anlage: Gewanne C, Nr. 148, ziemlich
dicht an der die Rat-Beil-Straße säumenden Friedhofs-
mauer. Der Weg macht hier eine kleine Krümmung, eine
Birke spendet Schatten. Der Grabhügel mit Efeu be-
wachsen, das einfache Steinkreuz zart bemoost, die
Schrift, da schon ziemlich verwittert, nur bei näherem
Hinsehen entzifferbar. Auch der weiter unten eingemei-
ßelte Sinnspruch gibt keinerlei Aufschluß:

> Ich wecke dich zur rechten Zeit
> zur ewigen, ewigen Himmelfreud.

Es haben sich auf dem Frankfurter Hauptfriedhof in
neuerer Zeit wiederholt Fälle von Grabschändung ereignet: Schon seiner Unauffälligkeit wegen ist dieses regelmäßig verschont geblieben. Wer sollte einer Pauline
Schmidt etwas anhaben wollen?

Andererseits: Wieso hat gerade dieses Grab alle ge-
setzlichen Ruhefristen überstanden, ist bei jeglicher
Planierungswelle ausgespart, ja sogar per Stadtratsbe-
schluß in amtliche Obhut genommen worden? Würde
man da nicht noch eher begreifen, wenn dem Vater dieser
Pauline Schmidt, der auf dem nämlichen Friedhof bestattet worden ist, solche Auszeichnungen zukämen? Der
Dr. Adolf Schmidt, Arzt zu Frankfurt, Mitbegründer
der Armenklinik, Stiftungsmitglied des Ärztlichen Ver-
eins, Sektionär der Senckenbergischen Naturforschen-
den Gesellschaft, hat sich zwar nur mit gründlicher
Erforschung des Bandwurms hervorgetan, aber zumindest der zum Genuß von Beefsteak tatare neigende Teil
der Menschheit, seine rindfleischessenden Zeitgenossen,

wußten ihm für seine diesbezüglichen Erkenntnisse
Dank, und auch der »leuchtende Eifer«, mit dem er
»hoch zu Roß, in Wind und Wetter die Kranken der umliegenden Ortschaften aufsuchend«, seine Armenpraxis
betrieb, trug dem braven Mediziner, als er 1889 das Zeitliche segnete, bewegte Nachrufe ein. Aber ihm einen
ewigen Ruheplatz auf dem Frankfurter Hauptfriedhof
zu sichern, dazu reichten auch sie nicht aus: Vor einigen
Jahren ist seine Grabstätte aufgelassen worden, nur in
älteren örtlichen Medizinalchroniken wird seinem An-
denken noch Ehre erwiesen.

Seine Tochter Pauline aber hält wacker die Stellung,
und von Zeit zu Zeit kann man sogar beobachten, daß
Blumen an ihrem Grab niedergelegt werden – von Kin-
derhand. Pauline Schmidt steht in dem Ruf, jenes »Paulinchen« zu sein, das Struwwelpeter-Autor Dr. Heinrich
Hoffmann seinen leichtfertigen Umgang mit Schwefelhölzern mit grausigem Verbrennungstod büßen läßt:
»Die gar traurige Geschichte mit dem Feuerzeug«. Da
können die Katzen Minz und Maunz mit noch so dro-
hend erhobenen Pfoten (»Der Vater hat's verboten«) vor
der Gefahr warnen: Paulinchen, »allein zu Haus«, han-
tiert mit dem Teufelszeug, ihr Kleid fängt Feuer, und es
kommt, wie's kommen muß:

> Es brennt die Hand, es brennt das Haar,
> es brennt das ganze Kind sogar

Zurück bleiben ein Häuflein Asche, Paulines Schuhe
und, einen Trauerflor um den Schwanz, die beiden grei-
nenden Katzen:

Pauline Schmidts Grab
auf dem Frankfurter Hauptfriedhof

Urbild des »Zappelphilipp«:
Philipp von Fabricius (hier als reifer Mann)

»Miau! Mio! Miau! Mio!
Wo sind die armen Eltern? Wo?«
Und ihre Tränen fließen
wie's Bächlein auf den Wiesen.

Ganz so klar und einfach, wie's die Paulinchen-Pilger
vom Frankfurter Hauptfriedhof (und auch manche lo-
kalpatriotischen Heimatforscher) gern hätten, verhält es
sich mit der Sache allerdings nicht, und es ist nicht ohne
Reiz, die so hübsche wie zählebige Legende auf ihren
Wahrheitsgehalt – und bliebe davon auch noch so wenig
übrig – zu überprüfen. An Auskunftspersonal hierfür
fehlt es nicht: Da gibt es die magistratisch Kompetenten,
die mit Totenschein und Obduktionsbefund auftrump-
fen, da gibt es die Friedhofshistoriker, die, wo die Quellen versiegen, mit Illusion und Spekulation nachhelfen,
da streiten sich die Kontrahenten der Heinrich-Hoff-
mann-Museen herum (deren es in Frankfurt wahrhaftig
zwei gibt!), da besteht reiche Auswahl an Nachkommen
der einen wie der andern Seite: des Autors wie seines Urbilds, da melden sich Feuerwehr und Brandschutzversi-
cherung zu Wort, und da ist schließlich Struwwelpeter-
Autor Heinrich Hoffmann selbst, der in seinen (sonst
diesbezüglich kargen) Lebenserinnerungen immerhin
dreierlei zu Protokoll gibt: daß ein Brandunfall in jüngsten Jahren zu den bösesten Traumata seiner eigenen
Kindheit zählte (»Ich hatte kaum erst laufen gelernt, da
tappte ich auf den glühenden Ofen zu und faßte ihn mit
beiden Händen gutmütig an und verbrannte mich derart
jämmerlich, daß die schmorende Haut an der Glutfläche
hängenblieb; noch bis zur Stunde kann ich die Spur die-

ser Marter in der rechten Handfläche zeigen«); daß er bei
seinen Figuren und deren Verstrickungen tatsächlich
nicht nur aus der Phantasie geschöpft hat (»so ganz aus
der Luft gegriffen waren die Geschichten nicht, die eine
oder andere war doch auf praktischem Boden gewachsen«) und daß er, selber zunächst als Armenarzt in
Frankfurt tätig, mit dem Kollegen Dr. Schmidt, dem Vater des »Paulinchens«, nicht nur beruflich verbunden,
sondern auch persönlich befreundet gewesen ist.

Daraus zu schließen, das Töchterchen des Kollegen
und Freundes Dr. Adolf Schmidt sei einem selbstver-
schuldeten Brandunfall erlegen und Kinderbuchautor
Dr. Heinrich Hoffmann habe, anderen Eltern zur Warnung und anderen Kindern zur Abschreckung, den Vor-
fall in einen Bilderreim umgesetzt und der 1846 erschienenen Zweitauflage des »Struwwelpeter« angefügt, wäre
freilich zu simpel. Dennoch wird die Geschichte vom
»echten« Paulinchen immer noch so (oder so ähnlich) erzählt, und zum »Beweis« für ihre Richtigkeit wird auf
das Grab am Frankfurter Hauptfriedhof verwiesen. Dabei müßte schon ein Blick auf die dort verzeichneten Lebensdaten stutzig machen: Die echte Pauline Schmidt ist
zwar nicht alt geworden, aber sie ist auch nicht im frühen
Kindesalter gestorben, sondern mit fünfzehneinhalb.
Und weiter: Auch verbrannt ist sie nicht. Die Sterbe-
urkunde spricht von Lungenschwindsucht, der Obduktionsbefund außerdem von Darmgeschwüren. Von
Brandwunden – eventuell auch aus früheren Jahren – ist
mit keinem Wort die Rede. Als Heinrich Hoffmann 1846
die Geschichte vom brennenden Paulinchen zeichnete
und schrieb, war das angebliche Urbild sechs; sie hatte

also fast noch zehn Jahre zu leben. Heißt das, daß das Töchterchen des Dr. Adolf Schmidt und das »Paulinchen« des Kollegen Dr. Hoffmann nichts miteinander zu tun haben, daß die »Struwwelpeter«-Leser, die sich seit Jahrzehnten um das Grab auf dem Frankfurter Hauptfriedhof drängen, einem Phantom aufsitzen?

Auch das nicht. Es liegt mir fern, den Paulinchen-Spurensuchern die Illusion vom realen Urbild zu zerstören, ich muß diese nur um einiges mindern. Wie also könnte es sich tatsächlich verhalten haben? Um Ordnung in das Wirrwarr aus Fama und Fakten zu bringen, bediene ich mich punktartiger Aufzählung:

1. Dr. Heinrich Hoffmann, als Arztkollege und Freund dem Dr. Adolf Schmidt verbunden, hatte mit Sicherheit Einblick in dessen Familienverhältnisse und kannte so auch dessen Tochter Pauline.

2. Da Pauline Schmidt, wie man aus ihrer Krankengeschichte weiß, von früh an unter Epilepsie litt und Dr. Hoffmann, der spätere Gründer der Frankfurter Irrenanstalt »Auf dem Affenstein«, unter anderem auf die Behandlung dieses Leidens spezialisiert war (»Beobachtungen und Erfahrungen über Seelenstörung und Epilepsie« heißt eines seiner Bücher), wäre es denkbar, daß Pauline zu seinen Patienten gezählt hat.

3. Brandgefahr war ein Thema der Zeit: Viele Häuser in der Freien Reichsstadt Frankfurt, die um die Mitte des 19. Jahrhunderts etwa 50000 Einwohner zählte, waren noch aus Holz gebaut; in den ihnen attachierten Kleinviehställen (für Kaninchen und Ziegen) waren Heu und Häcksel gelagert. Die Löscheinrichtungen waren unzulänglich. Der Umgang mit Schwefelhölzern, die 1829 auf

den Markt kamen, war eine ständige Gefahrenquelle: Emanzipationssymbol der Hausfrauen, die nunmehr der Last enthoben waren, ständig das Herdfeuer zu überwachen, waren sie in der Hand von Kindern ein Risikofaktor ersten Ranges. Wenn es dem Dr. Heinrich Hoffmann (der die »Lustigen Geschichten und drolligen Bilder mit 15 schön colorierten Tafeln für Kinder von drei bis sechs Jahren«, den Ur-»Struwwelpeter«, zunächst nicht zur Veröffentlichung bestimmt, sondern für seinen drei Jahre alten Sohn Carl als »hausgemachtes« Weihnachtsgeschenk angefertigt hatte) also um einen zeitgemäßen Beitrag zur Kindererziehung, Sparte Alltagsgefahren, ging, durfte das Thema Zündholz wohl nicht fehlen.

4. Aus seinem Umgang mit halbwüchsigen Patienten wußte Dr. Hoffmann, in welche Form er eine solche Warnung zu kleiden hatte. Er schrieb darüber in seinen Lebenserinnerungen: »Das Kind lernt einfach nur durch das Auge, und nur das, was es sieht, begreift es. Mit moralischen Vorschriften zumal weiß es gar nichts anzufangen. Die Mahnung: Sei reinlich! Sei vorsichtig mit dem Feuerzeug und laß es liegen! Sei folgsam! – das alles sind leere Worte für das Kind. Aber das Abbild des Schmutzfinken, des brennenden Kleides, des verunglückenden Unvorsichtigen, das Anschauen allein erklärt sich selbst und belehrt. Nicht umsonst sagt das Sprichwort: »Gebrannter Finger scheut das Feuer.«

5. Hoffmann hat also die Gefahr des neumodischen Schwefelhölzchens am drastischen Beispiel eines Mädchens dargestellt, das seine Leichtfertigkeit mit dem Leben bezahlt. Daß er dieses Mädchen Paulinchen genannt hat, mag damit zu tun haben, daß die Tochter seines Kol-

legen und Freundes diesen Namen trug. Natürlich ist
nicht auszuschließen, daß diese Pauline Schmidt tatsächlich einmal etwas in dieser Richtung angestellt hat, aber
gemünzt war's auf alle Kinder, und zwar von allem Anfang an.

6. Die Geschichte vom Zappel-Philipp, dessen unge-
höriges Verhalten bei Tisch die gesamte Familie um ihr
Essen bringt, ist ein weiteres Beispiel dafür, daß der
Autor des »Struwwelpeter« bei der Benennung seiner
Missetäter aus dem wirklichen Leben geschöpft und Anleihen bei seinem Freundeskreis gemacht hat. Zu dem
Armenarztkollegium um Dr. Heinrich Hoffmann und
Dr. Adolf Schmidt gehörte auch ein gewisser Friedrich
Wilhelm Fabricius. Er war Chirurg und hatte einen Sohn
namens Philipp, und dieser Philipp Fabricius, später
ebenfalls ein bekannter Arzt in Frankfurt, hat sich selber
in vorgerücktem Alter (in Zusammenhang mit einem
Spendenaufruf zur Errichtung eines Heinrich-Hoff-
mann-Brunnens) als Urbild des Zappel-Philipps zu erkennen gegeben. Und zwar als Urbild im Sinne der Na-
mensgebung – nichts sonst. Die Forscher, die aus Philipp
Fabricius vorschnell ein hypernervöses Kind oder gar einen Epileptiker haben machen wollen, sind mittlerweile
widerlegt: klarer Fall von Überinterpretation.

7. Daß Heinrich Hoffmann auch beim brennenden
Paulinchen an keinen konkreten Einzelfall gedacht, sondern wieder nur einen Namen aus seinem Bekanntenkreis benützt hat, dafür spricht außerdem, daß er zehn
Jahre später – und nun noch um einiges drastischer – das
Thema abermals aufgreift: mit der in dem weniger bekannten Buch »Im Himmel und auf der Erde/Herzliches

und Scherzliches aus der Kinderwelt« enthaltenen Geschichte »Vom Fünklein, das spazierenging«. Hier geht
– buchstäblich Stück um Stück: vom einsamen Hölzlein
über den alten Sessel und den »dicken Schrank« bis zu
»Hütte, Scheun' und Stall« – die ganze Stadt in Flammen
auf – ein Inferno, in dem Hoffmanns Ururenkel Rainer
Hessenberg, der Herausgeber der 1984 veranstalteten
Neuausgabe, gar eine »bedrückende Vorwegnahme der
Ängste und Alpträume der heutigen Zeit« erblicken will.

Das heißt nun freilich den guten alten (und schlichten)
Heinrich Hoffmann gewaltig überinterpretieren: Er
wird einfach an den großen Brand von Hamburg gedacht
haben, der damals, zum Schrecken der Welt, die halbe
Stadt in Schutt und Asche gelegt hatte. Auch Frankfurt
hatte sich an der Spendensammlung für den Wiederauf-
bau der Hansestadt beteiligt – wohl wissend, das Unheil
hätte ebensogut sie treffen können. »Ein unversehens in
Flammen gesetzter Vorhang, eine entzündete Rußan-
häufung, ein Nichts setzt die ganze Stadt in Bewegung
und wirkt wie eine Pulverexplosion«, schilderte die Zeit-
schrift »Didaskalia« einen Großbrand im Frankfurt des
frühen 19. Jahrhunderts. »Kinder weinen, Weiber beben,
Männer laufen, Wachen rufen, Wagen rennen, Laden
und Türen werden geschlossen, man schießt, Hörner er-
schallen, die 95 Trommler der Stadtwehr durchkreuzen
wirbelnd die Stadt. Jeder Trommler folgt dabei seiner eigenen Eingebung. Aus der chaotischen Masse der zu-
sammenwogenden Gaffer und Schaffer entwirrt sich to-
bend der Kampf gegen den glühenden Feind.«

8. Dr. Heinrich Hoffmann hatte noch einen weiteren,
einen persönlich-beruflichen Grund, vor leichtfertigem

Umgang mit Feuer zu warnen. Er war, bevor er sich ganz der Psychiatrie verschrieb und – auch hierin ein wahrer Humanist – samt seiner Familie ins Irrenhaus zog, um seinen Patienten allzeit nahe zu sein, als Armenarzt im heutigen Stadtteil Bornheim tätig. Er wird also auch so manche Brandwunde zu behandeln gehabt haben. Das streng Moralisierende seiner Kinderbuchgeschichten, das ihm Pädagogen wie Ästheten schon zu seinen Lebzeiten als Panikmache vorhielten und spätere Generationen gar als faschistoide Repressalie, leitet sich zum Teil einfach aus den Erfahrungen seiner täglichen Arztpraxis ab, der übrigens auch seine Angewohnheit zustatten kam, besonders Verängstigte unter seinen kleinen Patienten mit spontan am Krankenbett angefertigten Gelegenheitszeichnungen abzulenken: »Da nahm ich rasch das Notizbuch aus der Tasche, ein Blatt wird herausgerissen, ein kleiner Bube mit dem Bleistift schnell hingezeichnet und nun erzählt, wie sich der Schlingel nicht die Haare, nicht die Nägel schneiden läßt; die Haare wachsen, die Nägel werden länger, aber immer läßt er sich dieselben nicht schneiden, und immer länger zeichne ich Haare und Nägel, bis zuletzt von der ganzen Figur nichts mehr zu sehen ist als Haarsträhne und Nägelklauen. Das frappiert den kleinen Desperaten derart, daß er schweigt, hinschaut, und mittlerweile weiß ich, wie es mit dem Puls steht, wie seine Temperatur sich verhält, ob der Leib oder die Atmung schmerzhaft ist – und der Zweck ist erreicht.«

So also (oder so ähnlich) mag es sich auch mit dem brennenden Paulinchen verhalten haben, um das noch heute, 130 Jahre nach dem Tod seines vermeintlichen

Urbilds, so viele bücherlesende Kinder trauern, daß sie, Blümchen in der Hand, zu dessen Grab pilgern, sich vor dem Struwwelpeterbrunnen an der Frankfurter Hauptwache vom Tränenstrom der Katzen Minz und Maunz traurig stimmen lassen, im Struwwelpeter-Museum in der Hochstraße den Klängen der vom Hoffmann-Urenkel Kurt Hessenberg komponierten Struwwelpeter-Kantate lauschen oder im konkurrierenden Heinrich-Hoffmann-Museum in der Schubertstraße ihrer Begleitperson ein Paulinchen als Zinnfigur abbetteln – je nach Brieftasche als Einzelfigur oder als komplettes Set. Ob sie freilich den exaltierten neueren Deutungen der Struwwelpeter-Forschung etwas abgewinnen, die aus dem braven Dr. Hoffmann einen verkappten Lustmolch und aus dem Paulinchen ein geiles kleines Luder machen wollen, dessen aufreizendes Tänzeln in Spitzenbeinkleidern auf »erotisches Feuer« weist, für das die Zündhölzchen nur ein Symbol sind, möchte ich bezweifeln. Das ist wohl doch nur etwas für frustrierte Pseudo-Psychologen, denen nach und nach der Stoff ausgeht.

Pinienkerne alla Toscana
Carlo Collodi: »Pinocchio«

Pinocchio-Darsteller Andrea Balestri in Rom als Taschendieb verhaftet – war das eine Sensation! Die italienischen Zeitungen überboten einander in Schlagzeilen. Es war im Sommer 1979 – jahrelang hatte man von dem Burschen aus dem Dorf bei Pisa, den Luigi Comencini, der Regisseur der Fernsehserie, mit Hilfe eines Preisausschreibens aus Tausenden Bewerbern ausgewählt hatte, nichts mehr gehört. Und nun das: der Filmheld von 1972, der mit so illustren Kollegen wie Vittorio de Sica, Nino Manfredi und Gina Lollobrigida vor der Kamera gestanden war, damals zehn, nun siebzehn Jahre alt, vorm Jugendrichter!

Aber wieso eigentlich die Aufregung? Hatte man denn vergessen, was das Armeleutekind vom Lande, damals, bei der Pressekonferenz vor sieben Jahren, den verblüfften Reportern auf ihre Frage, wie er seine Gage anzulegen gedenke, geantwortet hatte? »Drei Millionen Lire – da können wir uns wenigstens wieder einmal ein paar Monate hindurch ordentlich satt essen.« Es war also abzusehen, wann das »große Geld« aufgebraucht, wann die Erschließung neuer Quellen fällig sein würde. Und so hatte es Andrea nun mit Taschendiebstählen versucht. Und war erwischt worden. Beinah so wie Pinocchio im Film, der ja auch nicht immer den geradesten Weg geht und dafür so manchen Hieb einstecken muß. Die fünf Goldstücke, die der Direktor des Puppentheaters dem hölzernen Bengel zusteckt, werden ihm von einem angeblich lahmen Fuchs und einer angeblich blinden Katze abgenommen, und wie zum Hohn wirft man den armen Teufel auch noch ins Gefängnis; als er sich, dem Verhungern nahe, an den Rebstöcken eines Weinbergs vergreift, landet er in einem Fangeisen und muß zur Strafe dem bestohlenen Bauern fortan als Wachhund dienen; und als er auf der Insel der emsigen Bienen in eine Rauferei hineingerät und dabei einer seiner Schulkameraden auf der Strecke bleibt, wird er von der Polizei abgeführt.

Andrea Balestri, der ehemalige Filmheld, verhielt sich also nur milieukonform, war in gewisser Weise der gerissene, mit allen Wassern gewaschene und zum Schluß doch stets über seine Streiche stolpernde Pinocchio geblieben, den er vor Jahren fürs Fernsehen gemimt hatte. War rückfällig geworden – auf dem Rückweg vom Film zum Leben, von der Fiktion zur Wirklichkeit.

Wie aber verhält sich's mit dem Prototyp, dem Ur-Pinocchio des Florentiner Schriftstellers Carlo Collodi, den dieser in den achtziger Jahren des vorigen Jahrhunderts für das »Giornale per i bambini« kreiert hat? Was steckt hinter der Geschichte vom simplen Brennholzscheit, das der Tischler Antonio seinem Freund Gepetto schenkt, damit sich dieser einen Hampelmann daraus schnitzt – nicht ahnend, daß der hölzerne Bengel Leben annehmen, Hals über Kopf davonlaufen, in die tollsten Abenteuer verstrickt werden und am Ende von einer guten Fee in ein Menschenwesen verwandelt würde?

Pinocchio ist ein Kind der Toskana, ich reise ihm in seine Heimat nach. Kurz vor Florenz, etwa auf der Höhe der Stadt Prato, teilt sich die Autostrada, ich ordne mich in Richtung Lucca ein. Pistoia und Montecatini liegen am Weg, bei Pescia wechsle ich auf die Landstraße über. Es geht durch schnurgerade Pinienalleen; bei kurzer Orientierungsrast, über einen der ländlichen Obstmärkte schlendernd, entdecke ich unter den vielen angebotenen Waren auch jene dicken braunen Pinienzapfen, die sich die Leute der Gegend an den Winterabenden vor den Kamin legen, damit, von der Wärme des Feuers gelockert, die wohlschmeckenden Kerne herausspringen. Von eben diesem Schauspiel hat die berühmte Kinderbuchfigur ihren Namen, ihren Charakter, ihr Temperament. Pinocchio – das ist der Pinienkern, der ungeduldig in seinem Zapfen zappelt und es nicht erwarten kann, erlöst zu werden. Die Frucht, die's nach außen zieht; das Früchtchen mit dem unheilvollen Tatendrang.

Doch halt – unser Pinocchio hat mehrere Väter: Auch das Puppentheater, das in diesem Teil Italiens auf eine besonders reiche Tradition zurückblickt, zählt zu ihnen. Ein klarer Fall von Mutation: Aus der Marionette wird ein Hampelmann, aus der Commedia dell'arte-Puppe eine Spielzeugfigur. Burattino sagen die Italiener dazu, da steckt *burattare* drin, unser deutsches *beuteln, schütteln*. Und gebeutelt wird dieser kleine Kerl von Carlo Collodis Gnaden in der Tat: Kaum ist er der Schnitzerwerkstatt des Meisters Gepetto entschlüpft und schlägt sich auf eigene Faust durchs Leben, da wartet schon eine Prüfung nach der anderen auf ihn: der Puppentheaterdirektor, der ihn ins Feuer werfen will, um sich damit seinen Hammelbraten zu rösten; Fuchs und Katze, die ihn am Eichenbaum aufhängen, damit er sich hilflos zu Tode strampele; der grünhaarige Fischer, der ihn mit seinem

Pinienallee auf dem Weg zum »Pinocchio«-Dorf Collodi

Fangnetz aus dem Meer zieht und um ein Haar ins sie-
dende Öl wirft; das trügerische Spielzeugland, wo er in
einen Esel verwandelt wird, im Zirkus auftreten soll und
schließlich beim Abdecker landet; der Hai, dessen Bauch
er nur entkommt, weil das Riesentier nachts bei offenem
Maul schläft. In Collodi, dem Geburtsort des Dichters
(dessen Namen er in späteren Jahren, um der Zensur zu
entgehen, angenommen hat), treten sie mir alle von Angesicht zu Angesicht gegenüber: die vielen bösen und die
wenigen guten Gestalten aus dem »Pinocchio«. Im
»Parco monumentale di Pinocchio«, den die Verehrer
des Dichters in den fünfziger Jahren in dem unscheinba-
ren Dorf bei Pescia angelegt haben, finde ich sie aus
Bronze und Eisen, aus Holz und Stein nachgebildet, und
die Herren Baldi und De Luigi, Greco und Michelucci,
denen dieses Disneyland all' italiano zu verdanken ist,
haben bei der Anordnung der Figuren und Gehsteige sogar darauf geachtet, daß, wer sich genau an die Wegweiser hält, Pinocchios Abenteuer in derselben Reihenfolge
nachvollzieht wie im Buch: beginnend bei dem Baum,
aus dessen Holz ihn Meister Gepetto geschnitzt, und en-
dend im Rachen des Haifisches, aus dem er sich gerettet
hat.

Auch sonst fehlt es an nichts: Die sprechende Grille ist
ebenso zur Stelle wie der brave Hund Alidoro, das Zelt
des Feuerfressers und das Gasthaus zum Roten Krebs,
Mörderwald und Meer, Piratengrotte und Labyrinth
und natürlich das strahlendweiße Häuschen der guten
Fee. Und doch: Die ganze Anlage, wohl auch ein wenig
abgenützt in den nun schon dreißig Jahren, die sie Tag
für Tag Touristenattraktion spielen muß, hat etwas Steri-

les, wirkt abgestanden und witzlos. Unentschieden zwischen Freilicht-Galerie und Kinderspielplatz, hat sie obendrein mit dem Dilemma fertig zu werden, in einer mittlerweile von Elektronikwundern verwöhnten Welt ohne alle »action« auskommen zu müssen: ohne Flipper, Video und BTX. Ich habe meine Zweifel, ob dieses Collodi Zukunft hat.

Das Dorf – man muß es sagen – ist auch sonst arm an Reizen. Die Andenkenkioske, die sich zu einer Art Ladenstraße gruppieren, teilt es mit den gängigen Wallfahrtsorten – nur daß der Devotionalienkitsch hier Pinocchio-Statur hat: Hampelmänner – je nach Gusto in Hochglanzlack oder in Rohholz (samt Malkasten für den Do-it-yourself-Gebrauch), als Stempelsatz und als Kartenspiel, als Sparbüchse, als Eierbecher, als Nachttischlampe. Wer mehr aufs Ursprüngliche aus ist, entscheidet sich für einen Meister Gepetto mit Holzscheit, philologisch Interessierte mag ein Reprint der Erstausgabe aus dem Jahr 1883 reizen, und in dem kleinen Park-Anbau, der demnächst durch ein veritables Museum ersetzt werden wird, liegt – halb Bibel, halb Tagesikone – ein Exemplar der großformatigen kritischen Pinocchio-Ausgabe zu allgemeiner Einsichtnahme auf, die zum 100-Jahr-Jubiläum des zusammen mit Dantes »Göttlicher Komödie« meistübersetzten Werks der italienischen Literatur erschienen ist.

Am Ortsende, wo der Barbier seinen Laden hat, steht das Geburtshaus des Dichters: Hier ist Carlo Collodi alias Carlo Lorenzini am 24. November 1826 als erstes von zehn Kindern eines Kochs und einer Zofe zur Welt gekommen. Sein Beispiel hat Schule gemacht: Noch immer ziehen die Neubürger in jungen Jahren von Collodi weg; er selber war vierzehn, als er aufs Gymnasium nach Florenz ging. Von den von auswärts anreisenden Ausflüglern abgesehen, begegnet man auf den Dorfstraßen nur alten Leuten; auf jedem x-beliebigen Kirchweihfest mit Polenta-Essen, Gratiswein und Piazza-Rummel geht es lustiger zu als hier, wo Lustigkeit ganzjährig verordnet ist und vor lauter öder Tourismusroutine nicht wirklich aufkommen kann.

Selbst bei den würdigen Professoren in den mit Pinocchio-Literatur aus aller Welt vollgestopften Studierkammern der »Fondazione nazionale Carlo Collodi« in der nahen Kreisstadt Pescia habe ich mehr Spaß als in dem trübseligen Dorf, das seinem großen Sohn noch mit »Pinocchio-Pizza« und »Pinocchio-Wein« glaubt huldigen zu müssen. Ich habe freilich auch Glück: An dem Nachmittag, da ich an der ominösen Adresse vorspreche, ist die Crème de la crème von Italiens Collodi-Kennern zu einem ihrer Routinetreffen angesagt. Es geht um die Vorbereitung des nächstjährigen Pinocchio-Symposions, von Florenz, Venedig und Mailand kommen die Gelehrten angereist, einer nach dem anderen trifft in Pescia ein und verschwindet eilends in dem kleinen Sitzungszimmer an der Piazza del Duomo Nr. 15. Und mag ihr Terminkalender auch noch so angefüllt, ihre Tagesordnung auch noch so dicht sein: Ein jeder von ihnen nimmt sich Zeit für mich. Denn ein jeder hat seine eigene Theorie, was den Gegenstand meiner Recherchen betrifft, die Frage nach dem Ursprung des Pinocchio. Und ein jeder propagiert die seine: Professor Tempesti auf französisch, Professor Bertacchini auf italienisch, Professor Anzilotti auf englisch, Professor Cusatelli auf deutsch. Es ist ein chaotisches Durcheinander, einer fällt dem anderen ins Wort, heftigem Beipflichten folgt leidenschaftlicher Widerspruch, wer eben noch als Koryphäe gepriesen, steht im nächsten Augenblick als Ignorant da, und kaum zeige ich mich von den Auslassungen zu meiner Linken beeindruckt, gibt mir verächtliches Zwinkern von rechts zu verstehen, daß dies der Wissensstand von vorgestern ist. Nie in meinem Leben hätte ich mir träumen lassen, daß die Beschäftigung mit Literatur so amüsant, ein solch köstliches Spektakel, die reinste Commedia dell'arte sein kann.

Natürlich wird es nicht ganz leicht sein, aus alledem, was da an Information und Interpretation auf mich niederprasselt, ein einigermaßen klares Resümee zu ziehen. Ich will es dennoch versuchen.

Da ist also dieser Carlo Lorenzini – ein Mann von 55, der seit seiner frühesten Jugend in Florenz lebt und sich mit wechselnden Metiers durchfrettet – ein *job hopper* würde man heute sagen. Statt Theologie, wie es seine Eltern gern sähen, studiert er Philosophie und Rhetorik, für einen Buchhändler verfaßt er »Annotationen« zu den laufenden Neuerscheinungen. Nach dem fehlgeschlagenen Befreiungskampf gegen die österreichische Besatzungsmacht, der ihn an der Seite der Mazzini-Republikaner sieht, versucht er sich als Redakteur, Kunstkritiker und Bibliothekar; seinem satirischen Blättchen »Il Lampione« bläst die Zensur noch im Gründungsjahr das Lebenslicht aus. Um Aufnahme in den Staatsdienst bemüht er sich vergeblich – statt dessen landet Lorenzini als Inspizient am Teatro della Pergola, schreibt selber Theater-

stücke und wirkt an einem Lexikon über die Florentiner
Umgangssprache mit. Auch Schulbücher läßt man ihn
bearbeiten, und da seine Übersetzung der Märchen von
Charles Perrault einigen Anklang findet, gerät der Name
Lorenzini auch auf die Liste jener Autoren, die die Herausgeber der neugegründeten Kinderzeitschrift »Giornale per i bambini« um Beiträge bitten. Lorenzini, der
sich seit der Veröffentlichung eines riskanten politischen
Pamphlets das Pseudonym Collodi zugelegt hat (nach
dem Namen seines Geburtsorts), schickt ein Manuskript
ein, an dem zunächst nichts Besonderes ist: »Pinocchio –
storia di un burattino«. Die Geschichte eines Hampel-
manns. Das Besondere ist allenfalls der Begleitbrief; der
Autor schreibt an den Redakteur: »Hier schicke ich Dir
diese Kinderei; mach damit, was Du willst. Aber wenn
Du sie druckst, so bezahl mich gut, damit ich Lust bekomme, sie fortzusetzen.«

Lorenzini-Collodi, dem auch seine vielköpfige, in
ärmlichen Verhältnissen lebende Verwandtschaft auf der
Tasche liegt und der ständig unter Spielschulden ächzt,
braucht nämlich Geld. Die Redaktion ist einverstanden:
Er darf seinen »Pinocchio« fortsetzen. Und mehr noch
die Leser: Als er seinen *burattino* vor der Zeit sterben
läßt, treffen Protestbriefe ein – die Geschichte soll weitergehen! Dem Autor ist es recht, und im Aufwind derart
massiven Zuspruchs nimmt er einen entscheidenden
Kurswechsel vor: Wenn ihr euch schon so sehr für die
Erlebnisse dieses Pinocchio interessiert, dann nehmt
gefälligst zur Kenntnis, daß sie von nun an keine Aller-
welts-Albereien um einen sentimentalen Puppenschnit-
zer und die kecken Streiche seines sich selbständig ma-

oben: »Pinocchio«-Autor Carlo Collodi alias Lorenzini
unten: Meister Gepetto und sein Geschöpf in
einer der frühen Buchillustrationen

chenden Geschöpfes mehr sein werden, sondern daß ich
alles an persönlicher Meinung und allgemeiner Zeitkritik
in sie hineinlegen werde, was mir auf den Nägeln brennt.
Mit anderen Worten: eine Kindergeschichte, gespeist aus
den guten und bösen (vor allem den bösen) Lebenserfah-
rungen eines reifen Mannes. Und so geht's also nun –
etwa ab dem zweiten Viertel der insgesamt sechsunddrei-
ßig Episoden – Schlag auf Schlag: In der Figur des rüden
Theaterdirektors, der in dem Augenblick, da ihn Pinocchio mit »Exzellenz« anredet, vor Milde zerfließt, rechnet Collodi mit der Eitelkeit der Mächtigen ab; mit dem
Porträt des Landes Dummenfalle, in dem die Räuber re-
gieren und die Affen Recht sprechen, zahlt er es dem
Staat heim; und wenn er die weiße Amsel, die Pinocchio
vor den gaunerischen Machenschaften des Fuchses und
der Katze warnt, ihr vorlautes Wesen mit dem Leben büßen läßt, redet er sich seinen Zorn auf die Zensoren von
der Seele, denen kein Mittel zu schäbig ist, um uner-
wünschte Aufklärung zu unterbinden.

Natürlich kann man es mit dem Interpretieren des
»Pinocchio« auch zu weit treiben. Seitdem die Gelehrten draufgekommen sind, daß mit diesem Klassiker der
Kinderbuchliteratur, dem das toskanische Dorf Collodi
seinen Touristenstrom, Walt Disney einen seiner erfolgreichsten Zeichentrickfilme und der italienische
Fußballverband sein Maskottchen verdankt, auch der erwachsene Leser allerhand anfangen kann, sind die Geschichten vom toskanischen Hampelmann nicht einmal
von den Zudringlichkeiten der Ideologen verschont geblieben. Da sind die Katholiken, denen sich im Schnitz-
prozeß des Meisters Gepetto die biblische Schöpfungs-

geschichte widerspiegelt; da sind die Marxisten, die aus Pinocchios Gestrampel den proletarischen Kampf gegen die kapitalistische Unterdrückung herauslesen; und für die Tiefenpsychologen ist Pinocchios Lügennase ein gefundenes Fressen, deren Vergrößerungsmechanismus natürlich keinen anderen als einen sexuellen Hintergrund haben kann. Da ist es wohl billig und heilsam, würdig und recht, zum guten Ende einer Pinocchio-Erkundungsreise durch das Ursprungsland Toskana für einen Augenblick im Spekulieren und Räsonnieren innezuhalten und einen bewußt banalen Schlußakt zu setzen. Ich mache also noch einmal an einem der vielen buntfarbigen Obstmärkte am Wege halt und lasse mir bei einem der freundlichen Händler einen Pinienzapfen aus der frischen Ernte einpacken. Ein besonders schönes Exemplar, wenn ich bitten darf. Ich will ihn daheim, nach alter toskanischer Sitte, ins Kaminfeuer legen, will ihn aufknacken hören und den Kern herausspringen sehen. Wie Carlo Collodi seinen Pinocchio.

Winnetoon, Nebraska
Karl May: »Winnetou«

Hat Winnetou wirklich gelebt? Sind Old Shatterhand alias Karl May und der Häuptling der Apachen wirklich Blutsbrüder gewesen? Immer wieder werden Zweifel laut, Leser wollen Näheres wissen. Aus dem Raum Wien meldet sich eine gewisse Sophie von Stieber; der Autor antwortet ihr am 21. März 1899 per Korrespondenzkarte: »Sehr geehrtes Fräulein! Winnetou war geboren 1840 und wurde erschossen am 2.9.1874. Er war noch herrlicher, als ich ihn beschreiben kann.«

Obwohl es für die Qualität seiner Darstellung unerheblich ist und absolut keinen Unterschied ausmacht, ob er in seinen »Reiseerzählungen« aus eigenem Erlebnis schöpft oder bloß aus der Phantasie: Mit allen Mitteln hält Karl May die Fiktion aufrecht, alles habe sich genauso abgespielt, wie er es beschrieben hat, und er selber sei bei alledem dabeigewesen.

Der alte Flunkerer aus Sachsen kann's nicht lassen. Die ihm in der Villa »Old Shatterhand« ihre Aufwartung machen, seinem mit *corpora delicti* vollgestopften Alterssitz in Radebeul bei Dresden, bekommen sogar Winnetous Silberbüchse zu sehen – frischgeputzt. Daß er sie – in der Erstfassung des »Winnetou« – seinem Helden ins Grab mitgegeben hat, stellt er erst richtig, als man ihn darauf aufmerksam macht. Um Ausflüchte ist er ja nie verlegen: Als eine tiefgläubige Leserin ihm ihren Kummer darüber mitteilt, daß Winnetou als sündiger Heide habe sterben müssen, tröstet Karl May sie mit der Versicherung, Old Shatterhand habe ihm die für solche Fälle vorgesehene Nottaufe erteilt. Nur um sich nicht Angriffen von protestantischer Seite auszusetzen, habe er die Angelegenheit im Roman unerwähnt gelassen.

Nicht immer geht Karl Mays Rechnung mit der Gutgläubigkeit seiner Leser so glatt auf: Als er besonders reliquienhungrige Winnetou-Fans sogar mit Originalhaaren vom berühmten blauschwarzen Schopf des »roten Gentleman« versorgt, fliegt der Schwindel auf – es sind Pferdehaare.

Doch unbeirrbar bleibt er dabei: »Ich habe jene Länder wirklich besucht und spreche die Sprachen der betreffenden Völker.« Keinen Einwand noch so skeptischer Leser läßt er gelten: »Auch ohne dies zu wissen, muß und wird jeder Fachmann aus meinen Werken ersehen, daß ich solche Studien unmöglich in der Studierstube gemacht haben kann. Die Gestalten, welche ich bringe, haben gelebt oder leben noch und waren meine Freunde.«

Auf rund vierzig Sprachen kommt er, wenn er sämtliche Idiome aufzählt, die er angeblich beherrscht: »Ich spreche und schreibe französisch, englisch, italienisch, spanisch, griechisch, lateinisch, hebräisch, rumänisch, arabisch sechs Dialekte, persisch, kurdisch zwei Dialekte, chinesisch sechs Dialekte, malayisch, Namaqua, einige Sunda-Idiome, Suaheli, hindustanisch, türkisch sowie die Indianersprachen der Sioux, Apatschen, Komantschen, Snakes, Uthas, Kiowas, nebst dem Ketschumany drei südamerikanische Dialekte. Lappländisch will ich nicht mitzählen ...«

Erst gegen Ende seines Lebens, in seiner 1910 erscheinenden Autobiographie, rückt Karl May die Dinge ein wenig zurecht und räumt ein: »Diesen Erzählungen wirkliche Reisen zugrundezulegen, war nicht absolut notwendig; sie sollten ja doch nur Gleichnisse und nur Märchen sein, allerdings außerordentlich vielsagende Gleichnisse und Märchen. Trotzdem aber waren Reisen wünschenswert – zu Studienzwecken, um die verschiedenen Milieus kennenzulernen, in denen meine Gestalten sich zu bewegen hatten. Vor allem galt es, sich tüchtig vorzubereiten, Erdkunde, Völkerkunde, Sprachkunde zu treiben.« Und im Winnetou-Roman treibt er den Übermut so weit, sich sogar über jene Indianergeschichtenschreiber lustig zu machen, die nie ihren Fuß auf einen Flecken amerikanischer Prärie gesetzt haben: »Alle diese Bücherschreiber kennen den Westen nicht!« läßt er Old Shatterhands Kampfgenossen Will Parker höhnen. Ob es ihm paßt oder nicht: Es ist auf niemanden besser gemünzt als auf ihn selbst. Sogar als Karl May 1908, vier Jahre vor seinem Tod, tatsächlich zum ersten (und einzigen) Mal amerikanischen Boden betritt, ist der literarische Ertrag dieser Reise, die den ganz normalen Touristenrouten folgt, gering. Den »Wilden Westen« bekommt er auch jetzt nicht zu Gesicht: nur die Niagara-Fälle, ein Indianerreservat, die Städte Boston und New York. Die »großen Ausritte« abseits der Touristenrouten, von denen Clara May berichtet, sind nichts als Wichtigtuerei: Auch seine Frau ist vom Karl-May-Bazillus angesteckt.

Winnetou bleibt also ein für allemal (um es mit den Worten des Karl-May-Biographen Hans Wollschläger zu sagen) eine »grobe Erfindung«. Das macht die legendäre Idolfigur der deutschen Jugend allerdings um kein Jota uninteressanter, als wenn sie einem historischen Vorbild nachempfunden wäre. Denn was liest sich aufregender als die Geschichte der großen Erfindungen?

Im Anfang war die Haft. Sommer 1864, Karl May ist 22 Jahre alt. Auf Grund vorangegangener Verfehlungen sowohl aus dem Schuldienst entlassen wie für militärunwürdig befunden, schlägt er sich teils mit Nachhilfestunden, teils mit Auftritten als Rezitator und Musiker durchs Leben. Eine Reihe von Hochstapeleien bringt ihn vor Gericht; das Urteil lautet: vier Jahre Arbeitshaus, zu verbüßen auf Schloß Osterstein in Zwickau.

Da der Delinquent dem Gefängnisdirektor als Schreibkraft zugeteilt ist, verfügt er über besonders bequemen Zugang zur Anstaltsbibliothek. Karl May kann Blätter wie die »Illustrierte Zeitung«, »Globus«, »Das Ausland«, »Die Gartenlaube« und »Die Natur« lesen, vielleicht auch schon die Indianerromane von Cooper, Gerstäcker und Ferry. Davon angeregt, macht er sich erste Gedanken über eigene schriftstellerische Pläne: Nicht weniger als 137 Titel verzeichnet das »Repertorium C. May«, in dem er im letzten Strafjahr sein großes Vorhaben auflistet. »Da wurde auch der Gedanke Winnetou geboren«, hält er vier Jahrzehnte später in seinem Lebensrückblick fest.

Das stimmt allerdings, wenn überhaupt, nur unter größtem Vorbehalt: Weder liegt zu diesem Zeitpunkt bereits ein erkennbares Konzept für ein mehrbändiges Romanwerk vor, noch gibt es den Namen Winnetou. Der

»Ur-Winnetou«, den Karl May sieben Jahre nach seiner
Haftentlassung schreibt, ist eine Erzählung von wenigen
Seiten, ihr Held heißt noch »Inn-nu-woh« und ist ein
Sioux-Indianer, kein Apatsche. Das »Deutsche Fami-
lienblatt« in Dresden druckt die Geschichte. Erst in der
drei Jahre später angefertigten Neufassung lernen wir
den »edlen Wilden« als Apatschenhäuptling und unter
dem Namen Winnetou kennen. Und weitere fünfzehn
Jahre vergehen, bis die dreibändige Buchedition folgt.
Einer der Gründe: Karl May muß sich erst mit dem nöti-
gen Rohmaterial eindecken, und das heißt: seine (zuletzt
über 3000 Titel umfassende) Privatbibliothek aufbauen,
aus der er Landschaften und Charaktere seiner Werke,
Sitten und Gebräuche, Sprache und Sprechweise ent-
lehnt. Da er viele dieser erdkundlichen und völkerkund-
lichen Schriften, dieser Reisebeschreibungen, Wörter-
bücher und Grammatiken mit Randglossen (und nicht
selten mit dem direkten Vermerk »Sujet«) versieht, läßt
sich die Genesis seiner Arbeiten über weite Strecken un-
schwer rekonstruieren. Am leichtesten dort, wo er ganze
Passagen wortwörtlich übernimmt.

Das ist, was »Winnetou« betrifft, zum Beispiel bei
J. Ross Brownes Buch »Reisen und Abenteuer im Apa-
chenlande« der Fall, dessen Ausgabe 1871 in Jena erscheint. Auch der junge Komantschenkrieger Rayon
Brûlant, den der Franzose Gabriel Ferry in seinem Roman »Le Coureur des Bois« schildert, zählt zu Winnetous »Urahnen« – nicht umsonst hat Karl May von der
deutschen Übersetzung des »Waldläufers« eine eigene
Bearbeitung angefertigt, die mit einer Ankündigung weiterer Abenteuer endigt. Da zu diesem Zeitpunkt der Ori-

ginalautor nicht mehr am Leben ist und sein deutscher Bearbeiter sehr genau weiß, daß Ferry keine Fortsetzung des »Waldläufers« hinterlassen hat, ist der obskure Schlußsatz wohl nur so zu verstehen: Karl May selber hat eine Fortsetzung im Sinn. Freilich in völlig veränderter Gestalt. Mit neu erdachter Handlung, neu formuliertem Personal. Eben als »Winnetou«.

Über die Herkunft der »Einzelteile« aus denen er seinen Haupthelden zusammengesetzt hat, sind in den Jahrzehnten seit Karl Mays Tod (1912) viele Untersuchungen angestellt worden, und noch immer fördern die Karl-May-Forscher neue Funde zu Tage. Hier ein Beispiel für viele: Winnetous charakteristischer Haarschmuck, sein »helmartiger Schopf«, findet sich in einem Buch wieder, das Karl May nachweislich besessen und mit besonders »verräterischen« Anstreichungen versehen hat: dem 1856 erschienenen Report »Aus Amerika« des deutschen Forschungsreisenden Julius Fröbel. Und auf die Frage, wo er sich in punkto Indianersprache orientiert hat, ließe sich antworten: Schlag nach bei Gatschet! Das 1876 in Weimar erschienene Buch »Zwölf Sprachen aus dem Südwesten Nordamerikas« von Albert Gatschet ist eine Sammlung indianischer Wörter und Redewendungen, die eine Reihe englischer Überseereisender nach dem Gehör niedergeschrieben und nach Europa mitgebracht haben.

Den Namen »Winnetou« wird man darin freilich vergebens suchen. Auch in der gesamten Apatschen-Literatur taucht er nirgends auf. Wo also hat Karl May ihn her?

Höchstwahrscheinlich von der Landkarte. Denn auch die hat er nach Kräften geplündert.

Doch gemach, gemach – gehen wir hübsch der Reihe nach vor. Ein Lokalaugenschein in Winnetous »Geburtsort« ist eine Sache, die einem nicht in den Schoß fällt.

Ich versuche mein Glück zunächst in Radebeul. In dem Dresdner Vorort, in dem Karl May die letzten sechzehn Jahre seines Lebens zugebracht und mit der »Villa Shatterhand« sozusagen sein eigenes Museum hinterlassen hat, lebt in derselben Straße, schräg gegenüber (er nennt es selber einen »beabsichtigten Zufall«), der Karl-May-Forscher Dr. Klaus Hoffmann, von dessen Privatsammlung und Spezialwissen man in der Fachwelt nur in den schwärmerischsten Superlativen sprechen hört. Wenn irgendeiner, dann muß er derjenige sein, der mir weiterhelfen kann.

Dr. Hoffmann ist hauptberuflich Chemiker, in leitender Stellung als Forscher am Arzneimittelwerk Radebeul tätig. Sein streng korrektes Naturell ist der sicherste Garant dafür, daß er Profession und Passion sorgfältig auseinanderhält, nie das erstere zugunsten des letzteren vernachlässigt, und auch wenn er sich nach Feierabend an die Schreibmaschine setzt, ist noch keineswegs ausgemacht, daß dabei eine Karl-May-Studie herauskommt: Seine bisher größten Veröffentlichungen haben den Porzellanerfinder Johann Friedrich Böttger und den Atomforscher Otto Hahn zum Thema. Sein Herz aber schlägt für Karl May und dessen Helden, und so hat Dr. Hoffmann seine Kinder, als es um deren zweiten Vornamen ging, nicht Aspirina und Saridon getauft, sondern Ribanna und Winnetou. Das war übrigens gar nicht so einfach: Damals, 1978, als Sohn Frank zur Welt kam, war der »Herrenmensch« Karl May noch nicht von den DDR-Ideologen als »Humanist« rehabilitiert, und so bedurfte es des besonderen Wohlwollens des Leipziger Instituts für Namensforschung, daß Hoffmanns Winnetou-Antrag klaglos durchging. Seine Verdienste um die volkseigene Pharmazeutik dürften dabei den Ausschlag gegeben haben. Weniger kompliziert verlief's bei Tochter Katrin: Ihren Zweitnamen Ribanna, Huldigung an Winnetous unerfüllt gebliebene Jugendliebe, gelang es, der Behörde als im Bruderstaat Bulgarien gebräuchlich schmackhaft zu machen.

Mein Besuch ist von langer Hand eingefädelt, Dr. Hoffmann empfängt mich gut vorbereitet: auf den diversen Ablagen seines Arbeitszimmers Bücher mit eingelegten Zeichen, Aufsatzkopien, Landkarten. Seine Vertiefung in Leben und Werk Karl Mays, deren Ziel die große Biographie des Meisters ist, ist leichter geworden, seitdem die DDR vor einigen Jahren das Pazifistische und Antiimperialistische an seinem Werk entdeckt hat. Das Radebeuler-Karl-May-Museum, 1956 von seinen zum Namenspatron deutlich auf Distanz gehenden Trägern in Indianermuseum umgetauft, konnte den alten Namen wieder annehmen; der in der Villa Shatterhand einquartierte, nach einem ruhmreichen Sowjetkosmonauten benannte German-Titow-Kindergarten wurde verlegt, die Karl-May-Exponate wurden wieder aus den Depots des Dresdner Völkerkundemuseums hervorgeholt und mit Leihgaben aus der Sammlung Hoffmann zu einer Dauerausstellung vereinigt, die sich sehen lassen kann.

Auch ich statte ihr einen Besuch ab: delektiere mich an den kostbaren Erstausgaben, versuche zu begreifen, wieso die ersten Bände der 1982 gestarteten Remake-Ausgabe des DDR-Verlags »Neues Leben« schon wieder als vergriffen gemeldet und von Liebhabern per Zeitungsinserat gesucht werden, bestaune die faszinierenden Bilddokumente, die sich zur lückenlosen May-Biographie fügen, und sehe mich auch in punkto ideologischer Einordnung nicht im Stich gelassen: Von Liebknecht bis Kisch ist alle verfügbare kommunistische Prominenz aufgeboten, das Lob des Meisters zu singen. Ja, in der Abteilung »Indianer der USA im Kampf um ihre Rechte« finde ich sogar bereits – welch museumsuntypisches Tempo! – die »Kürzungen der Sozialleistungen durch die Regierung Reagan« angeprangert. Daß unter den Baumarten im nahen Karl-May-Park die *pseudotsuga taxifolia* dominiert, ist sicher nur ein, wenn auch maliziöser Zufall (und keine versteckte Anspielung auf die geballte Pseudo-Authentizität in Karl Mays Werk).

Auch der Winnetou-Spurensucher sieht sich vorzüglich bedient: Die Vitrine mit der Nachbildung eines jungen Apatschenkriegers in voller Ausrüstung – Truthahnfederbusch und Haarzange, Lendenschurz und Mokassin, Fohlenhautköcher und Jaguarfellschild – prunkt mit Originalem, wo die bronzene »Winnetou-Büste« eines unbekannten Meisters und Claus Bergens Romanillustrationen der Erstausgabe nur Fiktion bieten können. Die Fotografie eines realen Winnetou-Vorbildes (wie die des Dieners Said Hassan, der Karl May auf seiner Orientreise begleitet und ihn zur Figur des Sejjid Omar in der Erzählung »Friede auf Erden« inspiriert hat) darf ich nicht erwarten: In der Sparte Indianerromane hat sich Karl May (und daran findet auch hier – zu Recht –niemand etwas auszusetzen) auf die Rolle eines Märchenerzählers beschränkt. Eines Märchenerzählers freilich, der die einzelnen Bestandteile seiner Geschichten da und dort aufgelesen, gezielt zusammengefügt, verändert und weiterentwickelt hat. Zum Beispiel den Namen seines Lieblingshelden Winnetou. Denn nicht einmal den hat er frei erfunden: Alles spricht dafür, daß er einer amerikanischen Landkarte entnommen ist. In einem der Staaten des Mittleren Westens, im äußersten Nordosten Nebraskas, gibt es ein im vorigen Jahrhundert gegründetes Dorf namens Winnetoon, und Dr. Klaus Hoffmann, der davon aus einer Fußnote des Kollegen Wolf-Dieter Bach weiß, im Anhang eines 1975 im Jahrbuch der Karl-May-Gesellschaft publizierten Aufsatzes versteckt, liefert mir damit den entscheidenden Hinweis. Er selber, als noch so getreuer Bürger der DDR, kann der verlockenden Spur kaum folgen – also trete ich die Reise nach Winnetoon an ...

Die Travel and Tourism Division des Nebraska Department of Economic Development mit Sitz in der Hauptstadt Lincoln schickt Material. Und wahrhaftig – die Official Highway Map von Nebraska führt zum Ziel: Im Herzen der Knox County, wenige Meilen vom Santee-Indianerreservat entfernt und von der Mündung des Niobrara River in den Missouri (der die Grenze zum Nachbarstaat Dakota bildet), liegt das Dorf Winnetoon. Zwar mit der kleinsten aller möglichen Markierungen, aber immerhin und ohne jeden Zweifel: Winnetoon. Und noch ein zweites, nicht minder aufregendes (und das erste kräftig stützende) Indiz stellt sich ein: Winne-

tous Jugendschwarm Ribanna, die von allen jungen Krie-
gern ihres Stammes begehrte Tochter des Assiniboin-
Häuptlings Tahscha-tunga, die Karl May als »die Rose
vom Quicourt« besingt, »schön wie die Morgenröte und
lieblich wie die Rose des Gebirges«, »stammt« aus der
nämlichen Gegend. Denn der Niobrara-Fluß hat früher
einmal Quicourt geheißen … Auf nach Nebraska!

Der nächste größere Linienflughafen ist Sioux City, ich
lande mit einer Maschine der in St. Louis beheimateten
Ozark Airline. Beim Chartern des Mietwagens geht es
nicht so reibungslos zu wie sonst in den USA, es gibt
Kreditkartenprobleme, Sioux City ist tiefste Provinz.
Erste Erkundigungen nach dem besten Weg nach Winnetoon führen ins Leere: Keiner hat je von einem Dorf
dieses Namens gehört. Auch der Hinweis auf das be-
nachbarte Indianerreservat ist keine Hilfe: Selbst die
Kellnerinnen im China-Restaurant, in dem ich das
Abendessen einnehme, wollen als Voll-Amerikaner an-
gesehen werden, nichts mit ethnischen Minderheiten zu
tun haben. Bleibt also nur die Straßenkarte: Highway
Nr. 20, immer in Richtung Westen.
     Die Strecke verläuft schnurgerade, die wenigen Krüm-
mungen und Kurven werden wie freudige Ereignisse gefeiert. Von Filmen wie »Paris, Texas« und »Easy Rider«
geschult, erlebe ich landschaftliche Trostlosigkeit zum
erstenmal als Schönheit, Leere als Weite. Weizenfelder,
Sojabohnenfelder, riesige Schlachthöfe. Ab und zu eines
jener unansehnlichen Dörfer, deren *Ball Room* für *Dine
and Dance* nicht mehr als eine bessere Baracke ist. Der
Chaussee folgend: ein Güterzuggleis. Hinter der Ort-

Die ehemalige Bahnstation von Winnetoon

schaft Plainview biege ich rechts ab; würde der Asphalt-
belag nicht plötzlich in Schotter übergehen, fiele mir
kaum auf, daß das Indianerreservat erreicht ist. Einzige
einschlägige Begegnung: ein rothäutiger Straßenarbeiter,
der mich mit einer hocherhobenen »Slow«-Tafel auf einen baustellenbedingten Engpaß aufmerksam macht.
Kurz vor Erreichen des Lewis and Clark Lake, zu dem
sich an dieser Stelle der Missouri verbreitert, schlage ich
wieder Südrichtung ein. Bei dem Dorf Bazile Mills heißt
es aufpassen: Von hier sind's nur noch zwei Meilen bis
Winnetoon. Die weithin lesbare Aufschrift am Fried-
hofsportal macht die offizielle Ortstafel überflüssig. Die
Namen auf den Grabsteinen – Olson und Nelson, El-
lingson und Stevenson – erinnern an die norwegischen
Siedler der Gründerjahre. Später folgten ihnen auch
Deutsche – Berger, Stache, Klopfer. Der überhaupt erste
soll ein Getreidehändler aus dem Staat Wisconsin gewesen sein: damals, als die Eisenbahn aufkam und mit ihr
die Fama, hier sei gesegnetes Land. Es hat sich als Irrtum
erwiesen: Winnetoons Blüte war von kurzer Dauer.
Heute, wo Kirche und Schule, Bahnstation und Hotel,
Gefängnis und City Hall, die Mehrzahl der Geschäfte
und auch die Druckerei des »Winnetoon Pioneer« abge-
rissen sind, leerstehen oder in primitiven Wohnraum
umgewandelt sind, ist es ein verschlafenes Nest von ge-
zählten 72 Seelen, und wären nicht der alte Sam Clare,
der ihnen zu Amerikas »Bicentennial Year« 1976 die
Ortschronik geschrieben, und die rührige Gayle Prochaska, die ihnen für eine Gedächtnisausstellung in der
Community Hall die historischen Fotos zusammenge-
sucht hat, wüßten die Jüngeren wohl gar nicht mehr, daß

ihr schäbiges Winnetoon einmal bessere Zeiten gesehen
hat, daß der Ortsname indianischen Ursprungs ist (und
in ihrer Sprache »big water« bedeutet) und daß dieser
Name, in Angleichung an das indianische Gotteswort
Manitou geringfügig abgewandelt, im fernen, fernen
Germany in die Literatur, ja sogar – wie der neue Duden
lehrt – in den allgemeinen Sprachschatz eingegangen ist.

Doch halt – das wissen nicht einmal Sam Clare und
Gayle Prochaska. Von Karl May und seinem »Winnetou« hat man in Winnetoon bis heute nichts gehört. Ob
mein Auftritt in Winnetoon daran viel ändern wird? Ich
glaube nicht. Dazu müßte ihnen Name und Ruhm Karl
Mays geläufig sein, und das ist weder hier noch irgendwo
sonst in Amerika der Fall. Weder unter Weißen noch unter Indianern. Weder das Fräulein Halvorsen, die in dem
Mini-Postamt von Winnetoon die Verbindung zur weiten Welt aufrechterhält und nicht begreifen kann, wieso
ich ihr – für die Karl-May-Fans in meinem Freundeskreis – stapelweise Souvenirzettel mit dem örtlichen
Poststempel abbettele, noch die Wirtin von »Elaine's Tavern«, bei der ab und zu (»Immer wenn sie ihr Welfare-
Geld ausgezahlt bekommen!«) Indianer aus der Umgebung auf ein Bier einkehren, noch all die anderen im Ort,
denen ich mit meiner Freudenbotschaft zu imponieren
versuche, zeigen sich davon beeindruckt. Karl May ist
und bleibt eben doch ein deutscher Märchenerzähler.

»Einiges ist wirklich passiert ...«
Wilhelm Busch: »Max und Moritz«

Lehrer Lämpel sitzt an der Orgel und übt für den Sonntagsgottesdienst. Es ist kein billiger Witz, wenn ich ihn »Lämpel« nenne – ich tue nur, was schon Generationen von Schülern getan haben, zumindest die vorwitzigeren unter ihnen. Das muß, wer sich in Ebergötzen hinters Katheder wagt, in Kauf nehmen.

Rektor Edel, so heißt der Mann in Wirklichkeit, Rektor Werner Edel trägt's mit Würde. Er ist der Motor der Wilhelm-Busch-Aktivitäten in seinem 1100-Seelen-Dorf, und da wäre er, um der guten Sache willen, wohl noch zu ganz anderen Opfern bereit. Wie er sich freilich zu einem Terroranschlag auf seine Tabakpfeife stellen würde – »Öfen, Tisch und Sorgensitz / alles fliegt im Pulverblitz« –, ist aus dem freundlichen alten Herrn nicht herauszukriegen: »Ich bin Nichtraucher.«

Doch ich lasse nicht locker. Wie das denn überhaupt heutzutage mit den Streichen der Schulbuben sei, er als Lehrer müsse sich doch da auskennen – Max und Moritz im Zeitalter der Schülerselbstverwaltung. Jugendkriminalität und Wohlstandsverwahrlosung. Kinderbanden und Rocker – also, wie ist das?

Der Herr Rektor winkt ab. Nein, seine Bengels seien brav, da falle ihm beim besten Willen nichts ein, und er strahlt dabei vor Genugtuung.

Was – im Max-und-Moritz-Dorf keine Lausbubenstreiche? Aber dann fällt mir ein, daß ja auch Wilhelm

Busch ein gebrochenes Verhältnis zur Spitzbüberei gehabt hat: So freudig er in seinem Opus, aller Schlußmoral
zum Trotz, die Partei der Missetäter ergreift und nicht
etwa die der Opfer, und so sehr er, statt den Lehrer Lämpel, die Witwe Bolte, den Schneider Böck und den Onkel
Fritz zu bedauern, Max und Moritz anfeuert – als ihm
selber, auf seine alten Tage, ein boshafter Strolch die geliebten Rosen vorm Haus ruinieren will, gerät er ganz
schön in Rage. Und ebenso hätte wohl auch ein Wieder-
aufflackern Max-und-Moritzscher Aktivitäten an deren
Ursprungsort Ebergötzen keine Chance, als Jubiläums-
veranstaltung, als kulturhistorischer Gedenkakt abge-
bucht zu werden, sondern riefe – so wie überall – die
obrigkeitliche Disziplinargewalt auf den Plan: »Aber das
bedenke stets: Wie man's treibt, mein Kind, so geht's.«
    Am Eingang zur Schule hängt ein hölzerner Lämpel an
der Wand, das Werk eines heimatlichen Schnitzers.
Buschs berühmter Introitus zum Vierten Streich: das
grämliche Gesicht mit den vor Strenge weitaufgerissenen
Augen, Knorpelnase und Nörgelkinn, der in den Steh-
kragen eingezwängte dürre Hals, die Mütze mit dem lä-
cherlichen Schopf, der demonstrativ hocherhobene Zei-
gefinger – jede Linie aus Wilhelm Buschs Zeichenfeder
vom Schnitzmesser des Imitators liebevoll nachempfunden. Und von fremder Hand – kein Zweifel: von Schü-
lerhand – um eine Zigarette komplettiert. Dem braven
Lehrer – »von dem Tobak ein Verehrer« – zwischen die
Lippen geklemmt. Also wenigstens ein Hauch von »Max
und Moritz« – ich atme auf.
    Doch es ist ein kurzes Aufatmen. Die Lustigkeit, die
ich mir von diesem Lokalaugenschein erwartet habe, will

sich nicht und nicht einstellen: Zu stark ist die Verbissen-
heit, mit der dieses Ebergötzen seine Akkreditierung als
Max-und-Moritz-Schauplatz betreibt. Eine einzige Ver-
einsmeierei aus Förderkreis und Beirat, aus Satzung und
Subvention, aus Eingabe und Aufruf, aus Baufond und
Zonenrandförderung, aus Bürgerinitiative und flammendem Appell deckt allen Busch-Witz unbarmherzig
zu, und obzwar ich, indem ich dies sage, sehr wohl weiß,
wie unrecht ich all diesen wackeren Leuten tue, die sich
für »die gute Sache« einsetzen, die zum Beispiel Opfer
über Opfer dafür gebracht haben, daß sich seit kurzem
das alte Mühlrad wieder dreht, in dessen Schatten der
kleine Wilhelm mit seinem Freund, dem Müllerssohn,
seine Bubenstreiche ausgeheckt hat, sie tun's um eine
Spur zu ernst. Selbst ihr Nachrichtenblatt, das sie seit
Jahren drucken, läßt sich von einer so trockenbürokrati-
schen Einrichtung wie der hochoffiziellen »Niedersach-
sen-Korrespondenz« die Schau stehlen, der ich entnehme, daß man im hannoverschen Landtag, als es in
einer seiner Fragestunden um die Rettung der Busch-
Mühle ging, für einen Moment mit dem üblichen Parla-
mentsstil aussetzte und seine Standpunkte in Versform
vertrat – der Abgeordnete, der seinen Hilferuf an die öffentliche Hand in den Zweizeiler münden ließ:

>>Drum frage ich das Kabinett,
ob's Geld für diese Mühle hätt'«,

und der Finanzminister, der ebenso wohlgereimt antwortete:

»Ist's auch mit der Mühle aus,
Busch lebt doch in jedem Haus.«

Eine Absage, die mir freilich auch zu denken gibt. Sollte
am Ende mit Humor – selbst in einer Sache wie dieser –
nichts zu erreichen sein? Sollte es eben doch nur mit dem
sturen Dienstweg gehen, mit Vereinsbeschlüssen und
Schirmherrschaft, mit Mitgliederwerbung und Spendenaufruf, mit Beitragseintreibung und Stufenplan – sogar
im Namen zweier solcher Possenfiguren wie Max und
Moritz? Je länger ich in diesem Ebergötzen verweile und
je mehr ich mit dem Übermaß an Schwierigkeiten vertraut werde, die sich den Bemühungen seiner Bürger ent-
gegenstellten, die örtliche Busch-Vergangenheit zu revi-
talisieren, desto respektvoller muß ich vor ihnen den Hut
ziehen. Anders als mit Vereinskram, anders als mit ihren
Silbermedaillen – vorn Busch, hinten die bösen Buben –,
anders als mit ihren Wandtellern aus Arzberger Edelpor-
zellan – »Max und Moritz, gar nicht träge, / sägen heimlich mit der Säge« –, anders hätten sie wohl nie jenes Geld
zusammengebracht, das sie mittlerweile tatsächlich in
den Stand gesetzt hat, die Busch-Mühle wiederaufzu-
bauen. Ob es an der Schwerfälligkeit der Subventions-
maschinerie liegt oder einfach an der Humorlosigkeit
unserer Zeit: Dem Witz, so scheint's, ist nur mit Ernst
auf die Beine zu helfen.

In Göttingen steige ich aus dem Zug, der Bürgermeister von Ebergötzen holt mich vom Bahnhof ab. Die 16
Kilometer bis zu seinem Dorf – heute die tägliche Pend-
lerstrecke für jeden zweiten aus dem Ort – waren zu

Buschs Zeiten noch eine halbe Tagesreise: »Sitzend auf
dem Bock neben dem Postillon«, schreibt er in einem
Brief am 28. Januar 1876, »fuhr ich bei scharfem Winter-
wind von Göttingen aus über die Berge nach meinem lieben Ebergötzen, wo ich den letzten und schönsten Teil
meiner Kinderjahre verlebte. Noch immer erschüttert es
mich, wenn das enge felsige Tal mich umfängt, in dem
die Quellen sich zu dem Bach vereinen, worin ich vor
dreißig Jahren Forellen mit der Hand gefangen habe.
Kein Ort ist mir so vertraut wie Ebergötzen. Ich lese es
wie ein Buch; bei jedem neuen Besuch fange ich ein neues
Kapitel an. Der Müller in der alten Mühle mitten im Dorf
ist seit meinem zehnten Jahr mein Freund, der liebste
und beste, den ich habe.«

Der Bürgermeister ist wohlpräpariert, ein perfektes
Referat über Ebergötzen und seine Beziehungen zu
»Max und Moritz« erwartet mich. Jede Sorge vor Übertreibung wäre unbegründet: Seitdem einer Göttinger
Zeitung in einem Bericht der Lapsus passiert ist, Busch
habe in Ebergötzen seine »Bubengeschichte in sieben
Streichen« verfaßt (statt erlebt), und darüber die Busch-
Kenner aus dem Häuschen gerieten, greift er eher zu tief
als zu hoch. In Ebergötzen habe Busch jene Kindheitser-
lebnisse gehabt, die ihm den Rohstoff für »Max und Moritz« geliefert hätten, hier hätten sich, in dieser oder anderer Gestalt, etliche der bewußten Streiche abgespielt,
hier hätten, in dieser oder anderer Gestalt, die Opfer dieser Streiche gelebt, also die Vorbilder der Witwe Bolte,
des Schneiders Böck, des Lehrers Lämpel, des Onkels
Fritz, des Bauern Mecke, des Bäckers und des Müllers;
ihre Häuser, allen voran die Mühle, stünden zum Groß-

teil noch – kurzum: Hier sei die Konzeption für eines der
populärsten Kinderbücher deutscher Herkunft entstanden. Der Herr Bürgermeister sagt wirklich »Konzeption«, und er sagt auch irgend etwas von »Cartoons« und
»Comics«, und er läßt durchblicken, daß ihn keine noch
so gelehrte Wilhelm-Busch-Gesellschaft daran hindern
könne, sein Ebergötzen für den wichtigsten Busch-Ort
anzusehen – nach Wiedensahl natürlich, wo der Meister
zur Welt gekommen ist. In Ebergötzen, als Privatschüler
seines Onkels, des Pastors Georg Kleine, habe er »seine
entscheidende Formung« erfahren, hier spiele sein
Hauptwerk, und hierher sei er besuchsweise, bis ins
hohe Alter, immer wieder zurückgekehrt.

»Fast unverändert lag's da auf beiden Seiten des Bachs
an und zwischen den zwei Hügeln, wie ehedem«, berichtet der 54jährige seinem Freund Kaulbach nach München. »Aber wie hat dagegen das Verändernde die Bewohner verarbeitet. Die alten Wohlbekannten alle weg;
die damals Jungen, darunter ich, jetzt alt und auch rücksichtslos so genannt, wie's denn auch wahr ist. Dahinter
der junge Nachschub, bereit, seine Vordermänner bei
passender Gelegenheit in schwarze Kisten zu verpacken
und ins Suterräng zu bringen. Es geht schnell, wenn man
so umschaut. Man betrachtet mit Wehmut das spielende
Kindervolk, mit staunender Genugtuung sehr Alte, die
es ausnahmsweise so lang ausgehalten, ohne schwach zu
werden.«
Was es an Äußerungen Wilhelm Buschs über seine
»hübschen bummeligen Tage« in Ebergötzen gibt, über
die fünf Jahre im Pfarrhaus und über die zahlreichen
späteren Besuche in der »wackeligen alten Mühle«, die

ihm stets das Gefühl gaben, »als hätte ich mal wieder an
den offenherzigen Quellen des Lebens gesessen, die sich
ja sonst unter der Dressur verstecken«, läßt mir der Herr
Bürgermeister auf mein Zimmerchen im Gasthof schaffen, und damit nur ja nichts davon verlorengeht, wird ein
Versteck unter der Matratze vereinbart. Ich erfahre also,
wie der kleine Wilhelm – vom Vater, dem »rührigen, mä-
ßigen und gewissenhaften« Krämer, dazu bestimmt, Ma-
schinenbauer zu werden – nach drei Jahren Volksschule
im heimatlichen Wiedensahl zu seiner Dreitagereise nach
Ebergötzen aufbricht, wo der Onkel Pastor gerade seine
erste Stelle angetreten hat: »Früh vor Tag wurde das
dicke Pommerchen in die Scheerdeichsel des Leiterwa-
gens gedrängt. Das Gepäck ist aufgeladen; als ein Haupt-
stück der wohlverwahrte Leib eines alten Zinkedings
von Klavier, dessen lästig gespreiztes Beingestell in der
Heimat blieb. Die Reisenden steigen auf; Großmutter,
Mutter, vier Kinder und ein Kindermädchen; Knecht
Heinrich zuletzt. Fort rumpelt's durch den Schaumbur-
ger Wald. Ein Rudel Hirsche springt über den Weg;
oben ziehen die Sterne; im Klavierkasten tunkt es. In
Wirtshäusern einkehren taten wir nicht; ein wenig seit-
wärts von der Straße wurde stillgehalten, der Deckel der
Ernährungskiepe wurde aufgetan und unter anderem ein
ganzer geräucherter Schinken entblößt, der sich bald
merklich verminderte. Nach zweimaligem Übernachten
bei Verwandten erreichten wir glücklich das Ebergötzener Pfarrhaus. Der Onkel war ein stattlicher Mann, ein
ruhiger Naturbeobachter und äußerst milde; nur ein einziges Mal, wenn schon öfters verdient, gab's Hiebe; mit
einem trockenen Georginenstengel; weil ich den Dorf-

trottel geneckt. Gleich am Tage der Ankunft schloß ich Freundschaft mit dem Sohne des Müllers. Einen älteren Freund gewann ich in dem Wirt und Krämer des Orts. Bei ihm fand ich einen dicken Liederband, welcher durchgeklimpert, und viele der freireligiösen Schriften jener Zeit, die begierig verschlungen wurden. Der Lehrer der Dorfjugend, weil nicht der meinige, hatte keine Gewalt über mich – solange er lebte. Aber er hängte sich auf, fiel herunter, schnitt sich den Hals ab und wurde auf dem Kirchhof dicht unter meinem Kammerfenster begraben. Und von nun an zwang er mich allnächtlich, auch in der heißesten Sommerzeit, ganz unter der Decke zu liegen. Bei Tage ein Freigeist, bei Nacht ein Geisterseher ... Meine Studien teilten sich naturgemäß in beliebte und unbeliebte. Zu den ersteren rechne ich Märchenlesen, Zeichnen, Forellenfischen und Vogelstellen.«

Anderntags, in aller Herrgottsfrühe, treffe ich mich mit dem Bürgermeister zum Rundgang durch den Ort. Das Pfarrhaus, von der Gemeinde – ebenso wie die Mühle – durch Ankauf vor Verfall und Abriß gerettet, Fachwerk wie fast alles hier und von mächtigen Baumkronen eingedunkelt, ist beides in einem: Gemeindeverwaltung und Busch-Gedenkstätte. Unten das Zimmer des Bürgermeisters und die Dorfbücherei, oben Wilhelms Kemenate und Onkels Amtsstube. Der Blick auf das Grab des lebensmüden Schulmeisters Lembke lohnt nicht mehr: Längst ist der Friedhof an den Ortsrand gerückt. Und das Fenster, in das der Pastorenzögling seinen Namen eingeritzt hat, befindet sich im Besitz des Busch-Museums in Hannover – da bleibt der Besucher auf seine Phantasie angewiesen.

Gleich vis-à-vis die Kirche, einer der Nebenschau-
plätze aus »Max und Moritz«. Denn hier ist es, wo Lehrer Lämpel »mit Gefühle / saß vor seinem Orgelspiele«,
während sich »die bösen Buben / in sein Haus und seine
Stuben« schlichen und die geliebte Meerschaumpfeife
mit Flintenpulver vollstopften, jenes tückische Attentat
in die Wege leitend, das sein Opfer so übel zurichten
sollte:

> Nase, Hand, Gesicht und Ohren
> Sind so schwarz als wie die Mohren,
> und des Haares letzter Schopf
> ist verbrannt bis auf den Kopf.

Die Orgel von damals existierte noch bis vor kurzem,
wenn auch nur als Abfallgut: im Hof des Pfarrhauses, in
ihre Einzelteile zerlegt, für die Müllabfuhr bereit; das
gute alte Stück hatte ausgedient. Als provisorischer Be-
helf, bis die karg dotierte Pfarre sich etwas Besseres, Eigenes, Neues leisten konnte, wurde die Orgel aus der
Notkirche des Durchgangslagers Friedland installiert –
auf ihr war seit 1949 den West-Ankömmlingen das Will-
komm gespielt worden. Jetzt steht dort an der Stelle der
Baracke eine stattliche Kirche, da würde – bei so dürfti-
gem Klang – der Choral der Freiheit sich wohl allzu kläg-
lich ausnehmen. Für die Ebergötzener Bedürfnisse hingegen langt's.
    Nach wie vor gehört es zu den Obliegenheiten des
Lehrers, das Amt des Organisten zu versehen, und wenn
Wilhelm Busch seinen beiden Spitzbuben auch einen
Streich auf geistlichem Terrain gestattet hätte, so wäre es
wohl irgendeine Dummheit mit jenem Taufengel gewe-

sen, der, eine Rarität weit und breit, an zwei Schnüren
von der Decke herabhängt und bei jeder Ebergötzener
Taufe in Aktion tritt: auf ein musikalisches Signal des
Organisten hin von der Küsterin in Bewegung gesetzt
und dann feierlich zur Erde herabschwebend. Auch
ohne Max und Moritz als Drahtzieher hat's da schon so
manches verstohlene Gekicher gegeben – nämlich immer
dann, wenn es die Küsterin bei ihrer ferngesteuerten Me-
chanik an Präzision fehlen ließ und der Himmelsbote
heftig planschend im Taufbecken landete statt zu Häup-
ten des Täuflings.

Pastor W., den ich in der provisorischen Pfarrerswoh-
nung aufsuche, ist gerade mit der Vorbereitung der
Sonntagspredigt fertig und also bereit, mich zu empfan-
gen. Der junge Ostfriese, der in der niedersächsischen
Landpfarre die Muße für die Fertigstellung seiner Dok-
torarbeit fand, hat sich selbstverständlich auch für jene
vierziger Jahre des vorigen Jahrhunderts interessiert, da
Wilhelm Busch im Ebergötzener Pfarrhaus logierte – allerdings mehr im Hinblick auf seinen eigenen Amtsvor-
gänger als auf dessen Zögling. Dieser Pastor Kleine sei ja
nicht nur ein hervorragender Seelenhirte gewesen, sondern auch ein Naturwissenschaftler von hohen Graden,
ein Bienenforscher zumal, Verfechter der Parthenoge-
nese-Theorie und Herausgeber des Hannoverschen Bie-
nenwirtschaftlichen Centralblattes; seinem Einfluß sei
nicht nur Buschs Bildergeschichte »Schnurrdiburr« zu-
zuschreiben, sondern auch dessen phantastischer, freilich bald wieder verworfener Emigrationsplan, sich als
Imker im fernen Brasilien niederzulassen. Hingegen
habe er zu Busch unmittelbar nur eine recht oberflächli-

che Beziehung, ja der Busch-Rummel sei ihm geradezu
zuwider, wie könne man denn beispielsweise ein so tö-
richtes Projekt ins Auge fassen, die traditionsreiche
Nachbargemeinde Radolfshausen in »Buschdorf« um-
zubenennen, und auch die örtlichen Volksfeste und Um-
züge mit ihren Max- und Moritz-Figuren seien eine pro-
blematische Angelegenheit, wo doch in einem der letzten
Jahre glatt die Hälfte derer, die er eingesegnet habe, bei
Verkehrsunfällen auf der Hauptstraße ums Leben gekommen sei. Aber der Busch, das habe er einsehen gelernt, gehe hier eben manchen Leuten über alles, und als
er, W., seinerseits mehr an Judaistik interessiert, einmal
den alten Jütte, damals noch die lebende Ortschronik
von Ebergötzen, nach dem Verbleib der jüdischen Vieh-
händler habe ausfragen wollen, die im 19. Jahrhundert in
der Gegend ansässig gewesen seien, habe der beharrlich
das Thema gewechselt und immer wieder davon angefangen, welch große Ehre es für ihn als Knaben gewesen sei,
den Pfeifentabak für Wilhelm Busch einkaufen gehen zu
dürfen.

Ein geneigteres Ohr bei meinen Busch-Recherchen
finde ich im staatlichen Forstamt. Dr. L., aus dem Riesengebirge zugezogen so wie der Bürgermeister aus
Sachsen, verfügt über eine opulente Dia-Kollektion in
Sachen Busch, seine im Versandhandel erstandene Kopie
des alten Max-und-Moritz-Films versäumt er keinem
seiner Besucher vorzuführen, und mit besonderem Be-
hagen erinnert er sich jenes Lichtbildervortrags, mit dem
es ihm vor einigen Jahren gelang, die Notabeln des Land-
kreises gegen jene Göttinger Stadtverordnete aufzubrin-
gen, die im Zusammenhang mit der Taufe einer neuen

Schule deren präsumtiven Namenspatron Wilhelm Busch des Sadismus, des Antisemitismus und des Antiklerikalismus glaubten zeihen zu müssen.

Selber ein Mann von Humor, tritt Dr. L. keineswegs nur akademisch als Busch-Apologet auf. Als die Tochter seines Vorgängers Hochzeit feierte und, altüberliefertem lokalem Brauch gemäß, unbekannte Täter aus der vergitterten Speisekammer den Festtagsbraten entführten, sorgte er dafür, daß der Bericht im Lokalblatt nicht im trockenen Kanzleistil des Polizeiprotokolls abgefaßt war, sondern – das war man sich in der Heimatgemeinde der Witwe Bolte schuldig! – die entsprechende literarische Überhöhung erfuhr: »Max und Moritz wieder am Werk.« Und als dem Herrn Forstmeister eines Tages ins Auge stach, daß das alte Kutscherhaus der Försterei täuschend ähnlich die Witwe-Bolte-Situation widerspiegelte – samt Apfelbaum und dürrem Ast –, konnte er nicht der Versuchung widerstehen, Besucher von auswärts, darunter die sichtlich beeindruckten Teilnehmer einer hochwissenschaftlichen Exkursion von Forstfachleuten, zum Narren zu halten. Ja, um den Spaß voll zu machen, wäre es ihm die Sache sogar beinahe wert gewesen, eigens das dazugehörige Federvieh anzusiedeln. Vier Stück, versteht sich – streng nach Wilhelm Busch: »Ihrer Hühner waren drei/und ein stolzer Hahn dabei.«

Nur freilich: Wozu Täuschungsmanöver, solange das Original genug Spuren hinterlassen hat? Mitten im Ort, gleich neben der Mühle, steht das Haus der Witwe Bolte. Berkefeld hieß sie in Wirklichkeit. Die heutigen Besitzer haben das Anwesen stark modernisiert – mit Vorgarten und Garage, auch das Innere ist verändert. Aber sie kön-

nen sich noch genau erinnern, wie es damals aussah –
damals, als es ihre Mutter den Verwandten der Berkefeld
für 900 Mark abgekauft hat. Ähnlich verhält es sich mit
dem Besitz des Schneiders Böck:

> Nämlich vor des Meisters Hause
> floß ein Wasser mit Gebrause.
> Übers Wasser führt ein Steg,
> und darüber geht der Weg.

Danne hieß der Meister, heute hat sich hier ein Bauarbei-
ter eingerichtet – einen Schneider gibt's im ganzen Ort
nicht mehr. Dort, wo nun ein Gartentor den Zaun unterbricht, lief früher ein geländerloser schmaler Holzsteg
über den Mühlgraben. Seitdem im Zuge von Straßenbau-
arbeiten (die die denkmalschützerisch Gesinnten mittlerweile wohl bereuen) der Wasserlauf verrohrt worden
ist, muß man ein paar Schritte weitergehen: bis vor zur
Mündung, bis vor zur Aue, die sich hier, von Gänsen
bevölkert und von Stegen überquert, den Wiesengrund
entlangschlängelt. Hier könnten gut auch heute noch
Max und Moritz ihr Unwesen treiben, hier ist die Zeit
stehengeblieben: die Hinteransichten der noch immer
bewirtschafteten Höfe, die bunten Bauerngärten, das
schwarzgefleckte Rindvieh. Nur mit ihrer Säge würden
die beiden Bösewichter nicht viel ausrichten: Die Stege
sind unterdessen aus Beton.

Wieder ein Haus weiter: der Hof des Bauern Mecke,
dem sie die Kornsäcke aufschlitzten. Jütte hieß er mit
seinem echten Namen – sein Enkel, vor einigen Jahren
gestorben, hatte noch den alten Herrn Busch persönlich

gekannt. Kein Wunder, daß das Anwesen ständig von
Busch-Forschern umlagert war: Sie ließen den letzten
Zeugen seine Erinnerungen auf Tonband sprechen.
Selbst ihm in seinem Stolz wurde es manchmal zuviel.

Dem Jütte-Hof gegenüber: die Mühle – klar, daß bei
so enger Nachbarschaft der Bauer Mecke kein Pferdege-
spann brauchte, um den »großen Sack« mit dem »Lum-
penpack« beim Meister Müller abzuliefern, damit dieser
Max und Moritz zu Schrot vermahle, zu des gefräßigen
Federviehs, ja zu des ganzen Dorfes Freude:

> Gott sei Dank! Nun ist's vorbei
> mit der Übeltäterei!

Einen zweiteiligen Lokalaugenschein verlangt Streich
Nr. 6. Vorm Dorf, dort wo die Aue eine ihrer breiten
Stellen hat und auch heute noch die Kinder gerne wild
baden, ist jener Platz, an dem der zehnjährige Wilhelm
Busch und sein gleichaltriger Freund Erich aus Erdreich
und Wasser einen dicken Brei anrührten, sich damit von
oben bis unten überkleisterten und in die Sonne legten,
»bis wir überkrustiert waren wie Pasteten«. Von hier,
kein Zweifel, stammt das Motiv der im Teigtrog des
Backhauses landenden Brezeldiebe:

> Ganz von Kuchenteig umhüllt,
> stehn sie da als Jammerbild.

Das Backhaus selbst stand im Dorf drinnen, nächst der
Schule. Die Tochter des letzten Bäckers, die selber noch
das väterliche Handwerk erlernt, ihm aber, seitdem es

unrentabel geworden, wieder abgeschworen hat, zeigt
mir das Badezimmer: Hier befand sich früher der Back-
ofen. Im Hof leistet noch immer der alte Teigtrog gute
Dienste: den Schafen als Tränke. Und »die Kist', wo das
Mehl darinnen ist« hat als Blumenkasten eine neue Bestimmung gefunden. Nur die Brotbleche und die Ku-
chenformen – die habe man an die Konkurrenz abgestoßen, samt den Blechfiguren, mit denen vor Weihnachten
immer die Honigkuchenmänner ausgestochen wurden.
Ja, wenn sie heute noch die Bäckerei betrieben, würden
sie diesen Kerlen nun wohl die Gestalt von Max und Moritz geben. Aber an solche Möglichkeiten der Vermarktung habe man früher nicht gedacht. Und »was vorbei
ist, ist vorbei«.

Nicht für alle. Der Apotheker, ein paar Hausnummern weiter, braut einen Kräutergeist »Fromme He-
lene«, den er »nach fettem, reichlichem Essen« emp-
fiehlt, und beruft sich in den dazugehörigen Annoncen
auf das Busch-Wort »Wer Sorgen hat, hat auch Likör«;
auch Elektrohandlung, Farbengeschäft und Musikhaus
nehmen an der allgemeinen Busch-Verballhornung teil,
um zu honorarfreien Werbesprüchen zu kommen, und
selbst, als man sich nach einem Motto für den Wieder-
aufbau der Mühle umsah, fand sich etwas Passendes:
»Neues läßt sich schnell gestalten, Altes jedoch schwer
erhalten.«

Die revitalisierte Busch-Mühle (deren unablässiges
»rickeracke« den kleinen Wilhelm so manches Mal aus
dem Schlaf riß) ist heute die Hauptsehenswürdigkeit für
die Touristen, die in großer Zahl nach Ebergötzen kommen. Daß das Mühlrad nicht mehr vom »rauschenden

Bach«, sondern von einer Spezialanzapfung der örtlichen Wasserleitung und, zur Verstärkung, von einem
gut kaschierten Elektromotor angetrieben wird, nehmen
sie gern in Kauf. Ganz läßt sich das Rad der Geschichte
eben doch nicht zurückdrehen.

Die Bachmanns, denen die einstige Herrenmühle des
Amtes Radolfshausen gehört hat: Zehentscheuer zuerst,
Pachtmühle sodann und schließlich der reichste Besitz
rundum, waren eine der angesehensten Familien der Gegend. Erich, Wilhelm Buschs Freund, genießt noch als
Toter besondere Privilegien: die Friedhofsverwaltung
(ansonsten so streng, daß es unlängst über dem bloßen
Farbton eines frischen Grabsteins zum Prozeß kam)
sieht großzügig darüber hinweg, daß Erich Bachmanns
schwarzer Marmorobelisk total aus der Reihe tanzt und
als einziges unter sämtlichen Grabmälern schräg steht.

33 Jahre ist Wilhelm Busch alt, als seine »Bubengeschichte« herauskommt; nach den Jahren in Lüthorst
und Hannover, in Düsseldorf, Antwerpen und München ist er wieder ins heimatliche Wiedensahl zurückgekehrt. Am 12. Dezember 1863 gibt er zum erstenmal
Nachricht vom Reifen des kleinen Werks – in einem
Brief an Otto Bassermann, den Kumpan aus der Künst-
lerclique »Jung-München«, seinen späteren Verleger:
»Was die ausgequetschte Zitrone anbelangt, so will ich
Dir nur vorläufig bemerken, daß in den Abenden bereits
etwas Neues mit circa 100 Zeichnungen für den Holz-
schnitt fertig skizziert ist.« Die Sache muß dann eine
Weile liegengeblieben sein; erst im Spätsommer des dar-
auffolgenden Jahres findet das »kleine Kinderbuch, das
ich angefangen« neuerlich Erwähnung, und im Herbst

Wilhelm Busch im Konfirmandenalter. Selbstportrait

Erich Bachmann. Zeichnung von Wilhelm Busch

bietet er das Manuskript dem Verlagsbuchhändler Heinrich Richter in Dresden an, der kurz zuvor seinen Erstling (die Bilderpossen »Der Eispeter«, »Katze und
Maus«, »Krischan mit der Piepe« und »Hänsel und Gre-
tel«) herausgebracht hat. Busch verlangt kein Honorar –
»Max und Moritz« ist als Trostpflaster für den jungen
Verleger gedacht, der auf den »Bildpossen« sitzengeblie-
ben ist. Doch Richter – unter anderem seinen Vater, den
berühmten Märchenzeichner Ludwig Richter, und eine
Reihe anderer Autoritäten konsultierend – lehnt dan-
kend ab. So bleibt Busch nichts anderes übrig, als reuig
zu seinem Entdecker Caspar Braun zurückzukehren, der
den jungen Künstler seit 1859 in seinen »Fliegenden Blät-
tern« und in den ebenfalls von ihm herausgegebenen
»Münchner Bilderbögen« zwar nach Kräften beschäf-
tigt, zugleich aber auch, was die Entlohnung anlangt,
ausgesprochen knapphält.

»Wie sehr würde es mich freuen, einmal wieder etwas
von Ihnen zu hören!« bittet Busch also nun den »lieben
Herrn Braun« um Gnade. »Ich schicke Ihnen hier die
Geschichte von Max und Moritz, die ich zu Nutz und
eigenem Pläsier auch gar schön in Farben gesetzt habe,
mit der Bitte, das Ding recht freundlich in die Hand zu
nehmen und hin und wieder ein wenig zu lächeln. Ich
habe mir gedacht, es ließe sich als eine Art kleiner Kin-
der-Epopöe vielleicht für einige Nummern der Fliegenden Blätter und mit entsprechender Textveränderung
auch für die Bilderbögen verwenden.«

Der Rest ist Literaturgeschichte: Caspar Braun erkennt mit einem Blick, welcher Schatz ihm da zugefallen
ist, kauft dem Autor für 1700 Goldmark das Opus samt

allen Rechten ab und macht daraus, statt es an seine Zeitschriften zu verzetteln, ein Buch. Allen Anfeindungen seitens der Pädagogen zum Trotz (»eins von den äußerst gefährlichen Giften, welche die heutige Jugend, wie man überall klagt, so naseweis, unbotmäßig und frivol machen«) wird es sein größter Verlagserfolg. Der Autor, finanziell ein für allemal abgefunden, erntet lediglich den Ruhm – einen Ruhm, der sich freilich sehen lassen kann: mit der Zeit in Millionen von Exemplaren verbreitet zu sein, in 30 Fremdsprachen übersetzt, von Oper und Ballett adaptiert, von Epigonen imitiert, von der Werbung ausgeschlachtet und in jedem möglichen und unmöglichen Zusammenhang verewigt zu werden: auf Abziehbildern und Tapeten, auf Briefmarken und Strumpfpackungen, auf Seifenstücken und Pralinenschachteln.

Am wenigsten wird man es den Ebergötzenern verwehren dürfen, hier mitzumachen. Denn bei ihnen, notabene, fließt die Quelle, der »Max und Moritz« entsprungen ist. Als er schon ein alter Mann war, fragte einmal ein kleines Mädchen beim Herrn Busch in Wiedensahl an, ob »Max und Moritz« denn »eine wahre Geschichte« sei. Und der Meister antwortete: »Nun, so ganz wohl nicht. Aber einiges ist wirklich passiert.«

Die Ebergötzener Szenerie blieb ihm bis ins hohe Alter vertraut: Jahr für Jahr kam er mit schöner Regelmäßigkeit zu seinem Freund, dem Müller, auf Besuch: »Das Bett wackelte noch wie früher beim Getriebe der Räder, und das herabstürzende Wasser rauschte durch meine Träume.« Nur dem Begräbnis, ein Jahr vor seinem eigenen, mußte er fernbleiben: »Leider zu schwach auf den Füßen«, heißt es im Kondolenzbrief. Und an die grausa-

men Bubenstreiche von einst mag ihn das Treiben seines
Wiedensahler Nachbarssohnes erinnert haben; jedenfalls
schrieb Wilhelm Busch um die Zeit, da »Max und Moritz« entstand, diesen Brief an seinen Verleger Caspar
Braun:

»Das Interessanteste, das ich hier sehe, ist der neun-
jährige Sohn meines Nachbarn, der grad unter meinem
Fenster den Tummelplatz seiner jugendlichen Spiele hat.
Ißt er sein Morgenbutterbrot, so versäumt er sicher
nicht, einem hungrigen Hunde jeden Bissen erst vor die
Nase zu halten, eh er ihn selber ins Maul schiebt; wo-
durch er sich, nebst der Annehmlichkeit, die der Genuß
eines Butterbrots schon an sich zu gewähren pflegt, auch
noch das Vergnügen verschafft, einen anderen das ent-
behren zu sehen, was er selber genießt. – Sobald die
Mistpfütze bis oben mit Jauche gefüllt ist, zieht er seine
eignen Stiefel aus und seines Vaters Stiefel an, um darin
herumzupatschen. – Muß er sich schneuzen, so schmiert
er den Schleim ohne Frage auf den Türdrücker oder an
den Pflugstiel, denn dadurch verschafft er sich erstens
Luft und zweitens die Genugtuung, zu sehen, wie ein
anderer hineintappt. – Gackelt irgendwo ein Huhn,
gleich schleicht er hinterher, nimmt das warme, kaum
zur Welt gebrachte Ei sofort in Empfang und vertauscht
es im Laden des Krämers gegen die Süßigkeit des Candis-
zuckers. – Ja, sogar aus dem Bedürfnisse des Schiffens
weiß sich der erfinderische Kopf eine Quelle des Vergnü-
gens zu schaffen. Indem er nämlich den Schlauch vorne
zusammenkneift, treibt er so den Strahl mit Heftigkeit
bald steil in die Luft, bald in Parabeln und Hyperbeln
und allen Kurven der höheren Geometrie auf den Schnee

oder in die Astlöcher der Balken und Bretter, und wehe der unglücklichen Spinne, die, durch den nahenden Frühling hervorgelockt, in irgendeiner Spalte sich blicken läßt: Rückzug, schleunige Flucht oder der bitterste Tod – das ist die Alternative ... Dies, mein lieber Herr Braun, wären die wichtigsten meiner gegenwärtigen Erlebnisse.«

Zu der Erinnerung an die eigenen Lausbubenstücke, beim alljährlichen Besuch in Ebergötzen gewiß zuzeiten aufgefrischt, trat also nun noch der äußere Anstoß – in Gestalt jenes Bengels, der da vor Buschs Fenster sein Unwesen trieb. Fräulein Berkefeld und Schneider Danne, Lehrer Lembke und Bauer Jütte, Onkel, Müller, Bäkkersmann – sie alle wurden noch einmal mit Leben erfüllt, in Karikatur und Vers, nur scheinbar kindliche »Übeltätigkeit« geißelnd, in Wahrheit die dem Künstler so suspekte Spießerseele attackierend. Und alles miteinander so deutlich ins Surrealistisch-Groteske überhöht, daß die einen wie die andern seit Jahr und Tag ihre liebe Not mit ihm haben: die einen, die Wilhelm Busch als Kronzeugen für die repressive, und die andern, die ihn als Kronzeugen für die permissive Erziehung einspannen wollen.

Die Ebergötzener sind da pfiffiger: sie tun keins von beidem. Sondern freuen sich ihrer Max-und-Moritz-Vergangenheit, indem sie in der Gegenwart – und bestimmt auch in Zukunft – ihre Feste feiern. Und sollten bei diesen Festen Kostümfragen aufkommen – nichts leichter als das: Die lassen sie den Wilhelm Busch lösen. Mit anderen Worten: Wer einen Spitz bei der Hand hat, geht als Witwe Bolte, Besitzer altväterischer Morgen-

röcke empfehlen sich als Lämpel-Doubles, und kinderreiche Familien rekrutieren Onkel Fritzens Maikäfer-
schar: »Hin und her und rund herum/kriecht es, fliegt es
mit Gebrumm.«

Mutter und Kind
Emmy von Rhoden: »Trotzkopf«

Als man ums Jahr 1970 – für eine Fernsehdokumentation zum Thema »Trotzkopf« – einen ehemaligen Zögling jenes Pensionats Möder in Eisenach, das Emmy von Rhodens Backfischgeschichte die Kulisse geliefert hat, vor die Kamera holte und über ihre Jungmädchenzeit räsonnieren ließ, vergaß die alte Dame nicht zu erwähnen, daß am Ort der Handlung die Lektüre der Trotzkopf-Romane streng verboten war. Sooft für eine der Insassinnen ein Geschenkpaket eintraf, mußte dieses vor den Augen der diensthabenden Erzieherin aufgeschnürt und sein Inhalt vorgezeigt werden. Befand sich unter den Näschereien auch ein Exemplar des gewissen Buches, so wurde es kurzerhand beschlagnahmt, unter Verschluß genommen und der Adressatin erst am Tag ihrer Abreise wieder ausgehändigt. Daß sich bei diesem Konfiskationsverfahren die aus England stammende Miss Wood mehr als andere hervortat, ist leicht erklärt: Sie kommt in Emmy von Rhodens Roman, zwar in ›Miss Lead‹ umgetauft, aber für jeden Eingeweihten dennoch auf den ersten Blick erkennbar, besonders schlecht weg.

Autoritäre Erziehung, Zensur und Entmündigung – das war im wilhelminischen Deutschland Schulalltag. Was aber ist mit der Bibliothekarin in Hannover, die noch heute, hundert Jahre später, die Trotzkopf-Bücher unter Verschluß hält und sich dessen sogar öffentlich rühmt? Nur wer wissenschaftliches Interesse glaubhaft

machen kann, darf sich der strammen Emanze nähern,
Kinder haben keine Chance. Denn das repressive Mach-
werk – seiner einstigen Bestimmung nach Leitfaden für
aufmüpfige junge Mädchen, die den Weg zur gesitteten
»höheren Tochter« einschlagen sollen, um so für einen
Mann von Stand »zur guten Partie« zu werden, zum treu
ergebenen »Frauchen« und zur »Zierde des Hauses« –
könnte ihnen Schaden zufügen. Als ob nicht auch sie imstande wären, die verschrobene Antiquiertheit des Gen-
res zu erkennen (und zu genießen).

Entmündigung also da wie dort, nur unter entgegen-
gesetzten Vorzeichen.

Ein Glück, daß wir uns nicht weiter bei der Frage aufzu-
halten brauchen, was von den Trotzkopf-Büchern heute
zu halten ist: Darüber ist mehr als genug geschrieben
worden. Sogar der Erbe und Nachlaßverwalter, der pen-
sionierte Münchner Kinderarzt Dr. Klaus Wildhagen,
ziert sich nicht: »Edelkitsch«. Als der Bayerische Rundfunk vor Jahren den Stoff zu einer achtteiligen Fernseh-
reihe nutzte, hagelte es Proteste. Bei allem Verständnis
für Nostalgie – viereinhalb Millionen Mark für solch ein
wirklichkeitsfremdes Rührstück! FDP und Gewerk-
schaftsbund formulierten ihre Einwände, TV-Kritiker
lieferten die erwarteten Verrisse, »Emma«-Leserinnen
ging vor Zorn die Luft aus, und während in den Buchhandlungen der »Trotzkopf«-Absatz schlagartig zu-
nahm, wurde in so mancher öffentlichen Bibliothek –
siehe Hannover – der gute alte Giftschrank reaktiviert.

Qualität hin oder her – eines kann man den Fernsehleuten jedenfalls nicht absprechen: Sie haben mit offenen

Karten gespielt, haben die Jahrhundertwendegeschichte nicht auf »heutig« umstilisiert, sondern es getreulich bei den Originaltexten belassen. Ein Bestseller von 1885 als selbstironisches Dokument seiner Zeit.

Und damit sind wir beim Thema: Wie ist die Figur dieser preußischen Gutsbesitzerstochter Ilse Macket, die von ihren Eltern zwecks Disziplinierung ins Pensionat gesteckt wird, entstanden? Emilie Friedrich geb. Kühne, Tochter eines Leipziger Bankiers, ist mit dem Schriftsteller Dr. Hermann Friedrich-Friedrich verheiratet (von dem man heute weiß, daß er eine Zeitlang Vorsitzender des Allgemeinen Deutschen Schriftstellerverbandes gewesen ist). Von den drei Mädchenbüchern, die die zweifache Mutter unter dem Pseudonym Emmy von Rhoden in den achtziger Jahren herausbringt, schlägt eines sensationell ein. Es ist ihr letztes, und es erscheint (da die Autorin nur dreiundfünfzig Jahre alt wird) erst postum: »Der Trotzkopf«

Das Kühne an dem Unternehmen: Es ist eine zwar romanhaft verbrämte, aber in den Grundzügen und den Hauptfiguren durchaus realistische Aufarbeitung der Internatszeit ihrer eigenen Tochter Else.

Wie dicht Emmy von Rhoden an der Wirklichkeit bleibt, zeigt schon das Personenregister: Eine bloße Vokalverschiebung muß als Verfremdung ausreichen, aus Else wird Ilse (und aus Ilse einer der Modenamen der Zeit), aus deren engster Freundin Nellie Gladstone (aus der Familie des englischen Premierministers William Gladstone) das Waisenkind Nellie Grey. Nur bei der Benennung des Lehrkörpers wendet die Autorin ein wenig mehr Phantasie auf: Fräulein Möder, die dem betreffen-

Das Pensionat Möder in Eisenach

»Trotzkopf«-Autorin Emmy von Rhoden

den Institut vorsteht, kehrt im Buch als Fräulein Raimar
wieder, die nette Junglehrerin Emma Schwartz als Lotte
Güssow, die weniger nette Erzieherin Miss Wood (wie
schon erwähnt) als Miss Lead. Und natürlich verschleiert
die Autorin den Schauplatz des Geschehens: Daß das
»Städtchen W.« in Wirklichkeit Eisenach ist, spricht sich
nur an Ort und Stelle herum. In den älteren Adreßbü-
chern der thüringischen Kreisstadt findet man das »Pensionat Möder« auf einen Griff: Marienstraße 13. Es handelt sich um ein auf einer Anhöhe gelegenes Villenviertel
am Stadtrand – ein paar Schritte bergab, und man steht
am Ufer des Prinzenteichs mit dem Blick zur Wartburg.
Sogar das Gebäude als solches existiert noch – heute ein
normales Wohnhaus.

Als 1885 »Der Trotzkopf« herauskam, war sein Urbild,
Else Friedrich, zweiundzwanzig Jahre alt, die Pensio-
natszeit lag also lange hinter ihr. Mutter Emmy von Rhoden alias Emilie Friedrich schöpfte aus den Tagebüchern
ihrer Tochter, aus der mit ihr geführten Korrespondenz,
aus nachträglicher »Generalbeichte«. Das Manuskript
machte unter den Freunden der Familie die Runde, und
die Begeisterung war allenthalben so groß, daß es der lo-
gische nächste Schritt war, es auch einem Verleger anzu-
bieten. Gustav Weise in Stuttgart griff zu, und er sollte es
nicht bereuen: »Der Trotzkopf« wurde ein so durch-
schlagender Erfolg, daß die Leserschaft schon bald nach
Fortsetzungen verlangte und, da Emmy von Rhoden
nicht mehr am Leben war, nun das »Modell« *selbst* zur
Feder greifen mußte: Die Folgebände »Trotzkopfs
Brautzeit« und »Trotzkopfs Ehe« hat also »Trotzkopf«

höchstpersönlich geschrieben (die inzwischen mit dem Juristen Dr. Georg Wildhagen verheiratet war). Nur Band 4 der Serie stammt von fremder Hand: »Trotzkopf als Großmutter«. Man sieht: Die Gesetze des Buchmarktes waren auch damals schon unerbittlich: Da Else Wildhagen, gerade erst vierzig geworden, sich einem diesbezüglichen Ansinnen des Verlegers widersetzte, gab dieser den Auftrag an die holländische Autorin Suze La Chapelle Roobol weiter, und der Schlußband der Serie (Originaltitel: »Stifkopje als grootmoeder«) mußte für die Leute in der Ursprungsheimat erst ins Deutsche übersetzt werden. Kinderbuchproduktion als grenzüberschreitender Stafettenlauf . . .

Auch sonst ist die Geschichte des »Trotzkopfs« reich an Skurrilitäten. Niemand wird aus Emmy von Rhoden – etwa, um sie für die notorische Schelte als Kitschier zu entschädigen – eine »Seherin« machen wollen, aber ein erstaunliches Phänomen bleibt es doch: daß sie bei der Verheiratung ihrer Romanfiguren derart haarscharf ins Schwarze getroffen hat. Ilse »kriegt« einen Juristen – gut, das lag nahe: Als die Autorin letzte Hand an ihr Manuskript legte, feierten Tochter Else und ihr Georg gerade Verlobung. Aber daß auch Ilses Freundin Nellie – ganz genauso wie im Buch – an einen Deutschlehrer geraten würde, war in keiner Weise abzusehen: Nellie Gladstone und Dr. Alfred Biese haben einander erst sehr viel später kennengelernt. Klarer Fall von Antizipation: Die Realität hat die Fiktion eingeholt. Der strenge Herr Geheimrat, später Herausgeber einer vielbenützten dreibändigen »Deutschen Literaturgeschichte«, hat es seiner

Prophetin übrigens schlecht gedankt: »Der Trotzkopf«
kommt in Bieses Opus nicht mit einem einzigen Wort
vor. Mag sein, daß er sich für seine unfreiwillige Neben-
rolle in dem Backfischschmöker geschämt hat.

»In dem ganzen Buche ist nicht ein voller Ton, der aus
der Tiefe kommt«, wetterte schon 1896 der Hamburger
Pädagoge Heinrich Wolgast in seiner Kampfschrift »Das
Elend unserer Jugendliteratur«. Die Erben der »Trotzkopf«-Verfasserinnen haben also Zeit gehabt, sich ans
Nasenrümpfen der Kritiker zu gewöhnen. Der noch immer nicht versiegte Tantiemenfluß mag's ihnen erleich-
tert haben.

Und wer wollte es dem Trotzkopf-Enkel und heutigen
Nachlaßverwalter, dem Kinderarzt Dr. Klaus Wildhagen, verdenken, wenn er, wie es zuzeiten geschieht, beim
Anblick zerlesener Trotzkopf-Exemplare am Krankenbett seiner Patienten Genugtuung empfindet?

Mark Twain – zu Wasser, zu Lande und in der Luft

Mark Twain: »Tom Sawyer und
Huckleberry Finn«

Hannibal im US-Staat Missouri, 208 Hill Street, der An-
denkenladen im Mark-Twain-Haus, ein Vormittag im
August 1986. Der Besucherandrang hält sich um diese
Tageszeit noch in Grenzen, erst gegen Mittag wird der
große Sturm auf die Tom-Sawyer-T-Shirts, die Huckle-
berry-Finn-Wanderstecken und die Becky-Thatcher-
Hüte einsetzen – die alte Dame hinter dem Verkaufspult
füllt einstweilen die Handkasse mit Wechselgeld. Ich
berate mich mit meiner Begleitung, welche der angebotenen Mark-Twain-Biographien die nützlichste sein
könnte, auch ein paar Ansichtskarten vom vorjährigen
Zaunstreicherwettbewerb möchte ich kaufen – die öffentliche Wiederholung des berühmten Tom-Sawyer-
Streichs, mit dem er, der listige Faulpelz, seine Kamera-
den dazu bringt, den ihm lästigen Auftrag seiner Tante
Polly, den Zaun vorm Haus frisch zu weißeln, zu über-
nehmen und ihm, indem er ihn als Vergünstigung hinzu-
stellen weiß, dafür sogar noch zu zahlen, ist jedes Jahr
Anfang Juli der Höhepunkt der »National Tom Sawyer
Days«. Ich frage auch gleich nach Briefmarken – wäre
das nicht ein hübsches Ansichtskartenmotiv für meine
Urlaubspost? Briefmarken nach Europa.

»Nee, ham wa nich«, antwortet die Andenkenverkäu-
ferin in waschechtem Berlinerisch. Auf überseeische

Kundschaft ist sie normalerweise nicht eingestellt. Um so größer die Freude, mit mir Deutsch sprechen, auf deutsch über ihre neue Heimat Amerika herziehen zu können. Mrs. Brandon hat im Nachkriegs-Berlin einen GI geheiratet und ist mit ihm nach USA gegangen, und hier, in Mark Twains Kindheitsort Hannibal, 160 Kilometer nördlich von St. Louis, sitzt sie nun schon seit über dreißig Jahren fest und verkauft Mark-Twain-Souvenirs an ihre neuen Landsleute, für die das 20 000-Seelen-Städtchen im Mittleren Westen ein beliebtes Ausflugsziel ist.

Mrs. Brandon denkt darüber anders. Die tödliche Monotonie der immer gleichen Fragen, das Eingesperrtsein in ein Provinznest, das den Besuchern ein paar Stunden nostalgisches Entzücken, den Einheimischen aber chronische Langeweile und Überdruß bereitet, haben in ihr eine Art Huckleberry-Finn-Syndrom reifen lassen, und dies um so heftiger, als ihr bewußt ist, daß dies für sie, eine verheiratete Frau, natürlich nur ein total verrückter Traum sein kann: nach dem Beispiel des *outcasts* Huck in der Höhle vorm Ort den großen Schatzfund zu machen und, solcherart unabhängig, das spießig-schläfrige Hannibal hinter sich zu lassen und sich per Floß den Mississippi hinuntertreiben zu lassen – in eine andere, eine bessere Welt.

Mrs. Brandon kennt natürlich alle Geschichten um »ihren« Helden Huckleberry Finn – also nicht nur die, die Mark Twain geschrieben hat (und die ihn berühmt gemacht haben), sondern auch die seines realen Urbildes Tom Blankenship. Ja, das ist es ja eben gerade, was die Angelegenheit für sie so vertrackt macht: zu wissen, daß

es einen Kerl dieses Typs wirklich gegeben und daß er
seine Abenteuer – von Mark Twain höchstens ausge-
schmückt und pointiert – wirklich erlebt hat. Aber eben
nur er. Die anderen sind dazu verhalten, sich mit dem
Traum zu begnügen: dem Traum von der großen Freiheit. Und es hängt vom Temperament des einzelnen
Lesers ab, wie die Sache für ihn selbst ausgeht: Ersatzbe-
friedigung oder Frustration, Hoffnung oder Resigna-
tion. Mrs. Brandon hat den Huckleberry-Finn-Traum
längst auf ihre Verhältnisse umgemünzt: Ihr Mississippi-
Floß ist ein Transatlantik-Jet, ihr Ziel die Heimkehr nach
Berlin. In ein paar Jahren könnte es soweit sein: wenn sie
das Pensionsalter erreicht hat. Und vorausgesetzt, das
Geschäft mit den Mark-Twain-Andenken floriert auch
weiterhin so gut.

Ich bin mit dem Leihwagen von St. Louis herüberge-
kommen, die Fahrt über den Highway 61 dauert keine
drei Stunden. Die Annäherung an die Originalschauplätze von Mark Twains berühmtem Kinderbuch gleicht
einem Spießrutenlauf: Ich überquere die Mark Twain
Memorial Highway Bridge, biege in die Mark Twain
Avenue ein, passiere ein Mark Twain Pet Center, nehme
im Mark Twain Motor Inn Quartier und gebe spätestens
nach der Sichtung eines Mark-Twain-Schönheitssalons,
eines Mark Twain Drugstores und einer Mark-Twain-
Dachdecker-Werkstatt meinen anfänglichen Plan auf,
nachzuzählen, wie viele Geschäftsunternehmen in dieser
Stadt nach dem ruhmreichen Mitbürger benannt sind.
Nachzuzählen, wie viele es *nicht* sind, wäre leichter.
Diskretion ist keine amerikanische Tugend – überhaupt,

wo es um die Ausschlachtung glorioser Vergangenheit geht. Darin sind sie wie die Kinder: Noch das pappigste Brötchen muß als Tom Sawyer Sandwich, noch das zäheste Hühnerbein muß als Huckleberry Finn Chicken autorisiert sein. Die Sache hat nicht nur Methode, sondern auch Tradition: Dem Faltblatt, das mir mit der Eintrittskarte für die Besichtigung der Mark-Twain-Höhle ausgehändigt wird (Sie erinnern sich: jenes unterirdische Labyrinth am Stadtrand, in dem sich Tom und Becky verirren, in dem Tom und Huck den Geldschatz heben und in dem der Bösewicht Indianer-Joe elend verhungert), entnehme ich, daß sogleich nach Erscheinen der Erstausgabe der »Adventures of Tom Sawyer« im Jahr 1876 die ersten Mark-Twain-Pilger nach Hannibal kamen, um die Originalschauplätze der diversen Lausbubenstreiche zu besichtigen, und schon 1886 prangte am Eingang der Höhle ein Schild, das über Person und Tarif des ersten Spezial-Führers Auskunft gab. Auf diesen John East geht alles zurück, was sich im heutigen Hannibal an Mark-Twain-Rummel ereignet, und die Stadtchroniken feiern den cleveren Burschen als Pionier des Kulturtourismus.

Hannibal (das der Dichter St. Petersburg nennt) ist unter den vielen »Literaturschauplätzen«, die ich da und dort in der Welt aufgesucht habe, der erste, an dem mir Zweifel über Sinnhaftigkeit und Seriosität meines Tuns kommen. Die vordergründig-oberflächliche, aufdringlich-umsatzorientierte Art, in der hier die Parallelen zwischen Fiktion und Wirklichkeit gezogen, zu jeglicher Romanepisode Originallokalität und Originalpersonal offeriert werden, engt nicht nur den Phantasiespielraum des Besuchers unzulässig ein, sondern erstickt auch, indem jeder Schritt vorgezeichnet, jede Sehenswürdigkeit beschildert ist, jegliche Eigeninitiative, und das Ergebnis kann nur Ernüchterung sein. Mark Twain zu Wasser, zu Lande und in der Luft: Das Dauertonband des Mississippi Riverboat »Mark Twain« beraubt Jackson Island (wo Tom, Huck und Joe Harper sich als »Piraten« versteckt halten) all seines wilden Zaubers; das »Twainland Expreß« genannte Liliputbähnchen zu den diversen Sehenswürdigkeiten hat den Charme einer Hot-Dog-Bude; und »Pappy's Flying Raft« ist nur ein konkurrenzbedingter Versuch, auch das Element Luft in den allgemeinen Rummel mit einzubeziehen. Das Bronzedenkmal der beiden Romanhelden am Fuß des Cardiff-Hügels hat die Frische einer öligen Sonntagsschulpredigt; an der gigantomanischen Mark-Twain-Statue im Riverwiew Park ist die Aussicht aufs jenseitige Mississippi-Ufer (und somit auf den Nachbarstaat Illinois) das einzige Schöne; und an dem im Museum ausgestellten Modell eines Mammutmonuments, das den Dichter im Kreise seiner siebenundzwanzig Hauptfiguren zeigt, ist nur zu rühmen, daß es Modell geblieben (und niemals ausgeführt worden) ist. Das Freilufttheater am Highway 61, ein paar Kilometer vor der Stadt aus dem Boden gestampft, soll zwar Präsident Carter und dessen Anhang begeistert haben – in mir weckt es lediglich Sehnsucht nach der Perfektion und Professionalität von Disneyland.

Das schmale zweistöckige Holzhaus, das der wenig erfolgreiche John Marshall Clemens, Krämer und Friedensrichter in Hannibal, 1844 seiner Familie gebaut (und später, als die Geschäfte wieder schlechter gingen, abgestoßen) hat, ist zur allgemeinen Besichtigung freigegeben, und das Bett, in dem sein Sohn Sam (der sich als Schriftsteller Mark Twain nannte) vom vierten bis zum achtzehnten Lebensjahr geschlafen hat, wird sogar immer noch frisch bezogen. Da die Besuchermassen, ließe man sie ins Hausinnere ein, den Bau früher oder später zum Einsturz brächten, darf man Tom Sawyer, Halbbruder Sid und Tante Polly nur von außen, nur von einem der Fenster aus in die gute Stube schauen, und die Geschichte seines nächtlichen Davonschleichens mit Freund Huck kommt per Kopfhörer vom Band. Daß dafür offiziell kein Eintrittsgeld verlangt, sondern dem Besucher nur eine »suggested donation« von 2 Dollar nahegelegt wird, ist genau jene puritanische Heuchelei, die Mark Twain an seinen Mitbürgern so heftig gegeißelt hat, und wäre somit sogar ein Anflug unfreiwilliger Authentizität.

Das »Gegenstück«, das vergleichsweise ärmlichere Haus der Blankenships, deren Sohn Tom mit Mark Twain befreundet gewesen und von diesem in der Figur des Huckleberry Finn verewigt worden ist, ist vor vielen Jahren abgebrannt – ein schwarzer Tag in der Geschichte Hannibals, wenn man sich den dadurch bedingten Verdienstausfall vor Augen hält. Der (nach Tom Sawyer's childhood sweetheart benannte) Becky Thatcher Book Shop, die Nr. 1 im örtlichen Andenkenhandel, muß sich also diesbezüglich mit dem Vertrieb einer Ansichtskarte begnügen. Das Schlafzimmer der lieben Kleinen (die in Wirklichkeit Laura Hawkins hieß) ist bloß deshalb gratis zur Besichtigung freigegeben, weil es nur durch den Souvenir Shop zu erreichen ist, vom Besucher also erwartet wird, daß er seine Einkäufe an Ort und Stelle tätigt.

Mark Twains Kindheitshaus in Hannibal (Missouri)

Laura Hawkins, die nach Mark Twains Weggang aus Hannibal einen Arzt geheiratet hat, soll übrigens sehr stolz darauf gewesen sein, sich in den »Adventures of Tom Sawyer« wiederzufinden. Noch zwei Jahre vorm Tod des Dichters feierte sie in Begleitung eines ihrer Enkelkinder, von Mark Twain an seinen Alterssitz im Staat Connecticut eingeladen, mit ihrer Jugendliebe Wiedersehen, und auf ihrem Grabstein am Friedhof des Nachbarortes Renssalear wird ihrer selbstverständlich auch unter ihrem »pen name« Becky Thatcher gedacht.

Auch seinen übrigen Modellen gegenüber ließ Mark Twain es nicht an Anhänglichkeit und Dankbarkeit fehlen. Er selbst berichtet in seiner Autobiographie, welche Genugtuung es ihm bereitet habe, gegen Ende seines Lebens zu erfahren, daß aus Tom Blankenship, dem Urbild des Landstreichers Huckleberry Finn, in späteren Jahren eine Respektsperson geworden sei: Friedensrichter in einem abgelegenen Dorf im Staat Montana.

Ihn, den sträflich vernachlässigten Sprößling des berüchtigtsten Trunkenboldes von ganz Hannibal, hatte Mark Twain ja – wie er selber später bestätigte – in seinen Büchern wirklich lebensecht gezeichnet: »genauso, wie er war – ignorant, ungepflegt, unterernährt, aber gutherzig wie kein zweiter. Er lebte in uneingeschränkter Freiheit. Ob Erwachsene oder Kinder – er war die einzige wirklich unabhängige Person im ganzen Ort, und das machte ihn so gelassen und zufrieden. Jeder von uns beneidete ihn darum. Wir mochten ihn, und wir genossen den Umgang mit ihm. Daß uns unsere Eltern den Umgang mit ihm verboten, steigerte ihn nur in seinem Wert.«

Was Mark Twain hingegen – in der Vorrede zu »Tom

Sawyer und Huckleberry Finn« – über den übrigen
Realitätsgehalt seiner beiden Bücher sagt, ist, soweit es
seine eigene Person betrifft, Geflunker: Aus seiner Biographie läßt sich klar belegen, daß Tom Sawyer durchaus
nicht »eine Verbindung der Charaktereigentümlichkei-
ten dreier Jungen, die ich kannte«, sondern, wenn auch
noch so stilisiert, ganz und gar er selbst ist. Und die gleiche Nähe zum eigenen Leben gilt auch für die anderen
Hauptpersonen: Hinter Tante Polly verbirgt sich seine
Mutter Jane, hinter dem Sonntagsschul-Musterknaben
Sid sein Bruder Henry (von Becky Thatcher alias Laura
Hawkins sprachen wir schon). Nur bei der Identifizierung des Mordgesellen Indianer-Joe hat man sich schwerer getan. Einiges spricht dafür, daß Mark Twain bei ihm
an einen Indianerfindling gedacht hat, der Mitte des vorigen Jahrhunderts als Lastträger im Hafen von Hannibal
gearbeitet hat – im Gegensatz zu der Romanfigur übrigens ein grundanständiger Kerl, der niemals in seinem
Leben straffällig geworden ist.

Da die zügellose Vermarktung, die Hannibal, ja die
gesamte Region mit dem Namen Mark Twain betreibt,
nach immer neuen Ideen, Idolen und Slogans verlangt,
ist sogar die finstere Verbrechergestalt des Indianer-Joe
von dem allgemeinen Rummel nicht ausgenommen: Er
darf einem Campingplatz seinen anrüchigen Namen geben, der 4 Meilen vor der Stadt angelegt worden ist. Allerdings scheint es nun manchen Honoratioren von Hannibal doch etwas zuviel des Guten zu werden, und erste
Anzeichen sprechen dafür, daß sich Stimmen Gehör zu
verschaffen versuchen, die der Mark-Twain-Hyper-
trophie gegensteuern wollen. Die »Hannibal Courier-

Post«, ein Anzeigenblättchen, das gratis an die Besucher
der Stadt abgegeben wird, erschien in dem Monat, da es
mir in die Hände fiel, mit der Hauptschlagzeile »Twain is
not the only famous Hannibalian« – gefolgt von dem ver-
zweifelten Versuch einer Bestandsaufnahme weiterer
Lokalprominenz: Countrysänger und Flugpioniere,
Kriegshelden und Höchstrichter, Fernsehkommentato-
ren und Porträtmaler, Pulitzer-Preisträger und Baseball-
Champions.

Einer dieser Auch-Berühmtheiten, einer gewissen
Margaret Tobin, wird seit einiger Zeit sogar die Aus-
zeichnung zuteil, mit ihrem Geburtshaus an der Denk-
ler's Alley der Liste der örtlichen Sehenswürdigkeiten
anzugehören. Die ehrenwerte Dame, den Amerikanern
unter dem spektakulären Namen »The Unsinkable
Molly Brown« in bester Erinnerung, war irischer Abstammung, kam 1867 in Hannibal zur Welt, brachte es
an der Seite ihres Mannes, des Minenbesitzers James
Brown, während der Zeit des Silber- und Gold-Booms
von Colorado zu Millionenreichtum und wurde im Zusammenhang mit dem Untergang der »Titanic«, bei dem
sie nicht nur ihr eigenes Leben retten konnte, sondern
auch durch ihr heroisches Verhalten gegenüber den
Schicksalsgenossen auffiel, zu einer Art Nationalheld.
Im Molly Brown Dinner Theater an der North Main
Street wird ihr allabendlich mit einer eigenen Varieté-
Show gehuldigt. Allerdings – ganz ohne Mark Twain
geht's auch da nicht. Denn der Dichter war es, der ihr
anläßlich eines Besuchs in seiner Kindheitsheimat anno
1882, als ihn die fünfzehnjährige Schönheit als Kellnerin
im Parkhotel bediente, den entscheidenden Rat gab, ihr

Glück im Goldland Colorado zu suchen. Hannibal wird
also wohl auch weiterhin bis an die Grenzen des Zumut-
baren den Ruhm seines »großen Sohns« für sich aus-
schlachten.

Wiedergutmachung an Tante Frieda
Ludwig Thoma: »Lausbubengeschichten«

Auf dem Münchner Südfriedhof, der früher einmal der »alte Sendlinger Friedhof« gewesen ist, befindet sich in der Sektion 17 ein Grab, das strenggenommen gar kein Grab, sondern nur die Erinnerung an ein Grab ist. Die Friederike Josepha Thoma, die im März 1916 etwa an dieser Stelle – so genau weiß man das heute nicht mehr – bestattet worden ist, hat von Rechts wegen keinerlei Anspruch mehr auf diesen Platz, und tatsächlich ist das Grab der »königlichen Forstmeisterstochter älterer Ordnung« schon vor Jahrzehnten aufgelassen worden. Das liebevoll gestaltete Denkmal aus hellem Kunststein ist neueren Datums. Der Steinmetz, an den der Auftrag vergeben worden ist, hat es gleichwohl an nichts fehlen lassen: Tränenkrüglein, Rosengirlande und als Krönung ein anmutig geschwungenes Dach.

Daß die verehrte Tote in unseren Tagen ein zweites Mal zur ewigen Ruhe gebettet worden ist, *honoris causa* sozusagen, hat weder mit irgendwelchen herausragenden Leistungen zu tun, die sie zu ihren Lebzeiten zum Wohle der Menschheit erbracht hätte, noch mit geldschweren Hinterbliebenen, deren überentwickelter Familiensinn sich in hypertrophem *pompe funèbre* niederschlägt. Aus dem wenigen, was man über das Erdenwallen dieser 1837 in Schongau Geborenen weiß, ist eher Gegenteiliges zu schließen: daß sie eine zänkische und pedantische Person gewesen ist, eine spitzzüngige alte

Jungfer voller Mißgunst und Neid. Das bissig-strenge
Porträtfoto, das sich von ihr erhalten hat, spricht Bände.
In den achtzehn Jahren, die Friederike Thoma zwischen
ihrer Übersiedlung nach München und ihrer Einquartie-
rung in der »Versorgungsanstalt für Beamtentöchter
Neuberghausen« in der Landeshauptstadt zugebracht
hat, ist sie nicht weniger als vierundzwanzigmal umge-
zogen: Verträglichkeit scheint also nicht gerade ihre
starke Seite gewesen zu sein. Und daß ihr Alterssitz seinerzeit im Volksmund die »Bogenhausener Drachenburg« genannt worden ist, besagt wohl auch einiges.
Selbst aus den beiden Briefen von ihrer Hand, die sich im
Ludwig-Thoma-Nachlaß gefunden haben, ist nichts,
was sie über den Durchschnitt hinaushöbe, herauszule-
sen: Sie jammert über ihre Altersgebrechen und über ihre
Geldnot – und beides in elend schlechtem Deutsch.

Daß die Stadt München der Friederike Josepha Thoma
– viele Jahrzehnte nach ihrem Tod – auf Betreiben des
Herrn Erich Scheibmayr, seines Zeichens Leiter der Ver-
waltungsabteilung des städtischen Bestattungsamtes –
eine Art Ehrengrab zukommen ließ, hat also andere
Gründe, und es ist schwer zu sagen, wieviel davon Huldigung oder schlechtes Gewissen, Lokalstolz oder Wiedergutmachung ist. Wiedergutmachung an einer Frau,
die auf eine für den Leser eminent vergnügliche, für sie
selber aber eher niederschmetternde Weise in die Literatur eingegangen ist: als Urbild der bösen Tante Frieda in
Ludwig Thomas »Lausbubengeschichten«. So steht's in
schöner Frakturschrift auf ihrem Grabstein, und es
spricht für die Klugheit der Münchner Stadtväter, daß sie
auch für solch unfreiwillige Verdienste ihrer Mitbürger

*Friederike Thoma, das Urbild
der »Tante Frieda«*

Münchner Südfriedhof:
Gedenkstein für »Tante Frieda«

Sinn haben: ohne jedes eigene Zutun, einfach durch ihre
bloße Existenz einem Künstler (der in diesem Fall der
Neffe gewesen ist, der Dichter Ludwig Thoma) Modell
zu stehen und dafür auch noch Spott und Schadenfreude
ihrer Mitwelt zu ernten.

Es ist bis heute nicht möglich gewesen und es wird
wohl auch in Zukunft nicht möglich sein, zu klären, ob
Friederike Thoma sich ihrer Rolle im Werk des Neffen
bewußt geworden ist, wie sie es aufgenommen, wie sie
damit gelebt und vor allem auch: wie sich in dieser mehr
als heiklen Situation er selber verhalten hat. Als »Tante
Frieda«, stilisierte Erinnerung des achtunddreißigjähri-
gen Ludwig Thoma an seine Sekundanerzeit zwischen
Burghausen, wo er das Gymnasium besuchte, und Prien,
wo die Familie ansässig und die frühverwitwete Mutter
Pächterin des Gasthofs »Zur Kampenwand« war, im
Spätherbst 1906 als Titelgeschichte des zweiten Bandes
der »Lausbubengeschichten« im Druck erscheint, dem
ersten Band, seinem eigenen Urteil zufolge, »in Form
und Humoribus« weit überlegen, ist Friederike Thoma,
der dieser hinterhältige Weibsteufel (sogar unter Beibe-
haltung ihres echten Namens!) nachgezeichnet ist, neun-
undsechzig. Erst neun Jahre später, kurz vor ihrem Tod,
berichtet sie in einem Brief von rapidem Verfall – man
kann also annehmen, daß sie zu dem Zeitpunkt, da das
Buch auf den Markt kommt, noch bei körperlicher und
geistiger Frische ist. Ludwig Thoma ist spätestens seit
der Posse »Die Lokalbahn«, die 1902 mit großem Erfolg
am Münchner Residenztheater uraufgeführt wird, ein
berühmter Mann; Band 1 der »Lausbubengeschichten«,
der 1905 erscheint, macht ihn auf Anhieb zu einem der

meistgelesenen Schriftsteller auch über Bayern hinaus. Es ist schwer vorstellbar, daß das Buch eines so berühmten Mannes ausgerechnet einer seiner engsten Verwandten, die noch dazu in München, also im Zentrum seines Ruhms, lebt, verborgen bleiben sollte – und gar, wo ihr Name diesem Buch den Titel gibt. Auch im Bogenhausener Damenstift, zu dessen Insassinnen Friederike Thoma seit zwanzig Jahren zählt, muß ein Werk wie dieses die Runde machen, und wie käme ein Institut zu dem Spitznamen »Drachenburg«, ginge es nicht von streitlustigem Weibervolk über, das sich bestimmt nicht die Chance entgehen läßt, schadenfroh einer der ihren eins auszuwischen?

In der Chronik der literarischen Urbilder, die sich in bestimmten Buchfiguren wiedererkennen und mit Protest und Zorn reagieren, wäre Tante Frieda alias Friederike Thoma geradezu ein exemplarischer Fall. Selbst wenn Prototyp und literarisches Abbild in den Einzelheiten der Charakterzeichnung noch so wenig miteinander übereinstimmten, bliebe doch allemal die Tatsache bestehen, daß Ludwig Thoma ein im ganzen massiv autobiographisch angelegtes Werk mit einer Hauptfigur ausstattet, deren Name ohne jeden Zweifel auf die leibhaftige Schwester seines Vaters weist. Und die sollte allen Ernstes soviel Selbstverleugnung und Humor aufbringen, an ihrem Alter ego keinen Anstoß zu nehmen: eine Furie, vor deren Besuchen sich die ganze Familie fürchtet, die man so rasch wie möglich wieder aus dem Haus haben möchte, die sich über das Herzleiden der Schwägerin mokiert, dem Neffen (dies freilich zu Recht) jeglichen bösen Streich zutraut, der Nichte den Bräutigam vermiest, dem Bruder ihr gebremstes Fortkommen anlastet und die einzigen freundlichen Gefühle, deren sie fähig ist, einem krakeelenden Papagei zuwendet?

Man kann es sich wirklich schwer vorstellen. Und man kann sich noch schwerer vorstellen, wenn man die Wirkung von Olaf Gulbranssons Illustrationen mit einkalkuliert, die das Verbitterte und Neidisch-Mißgünstige der Protagonistin weiter steigern und »Tante Frieda« vollends als Karikatur des hassenswerten Philisters der Gründerzeit erscheinen lassen. Wenn Friederike Thoma sich also – immer vorausgesetzt, die Kenntnis »ihres« Buches ist ihr nicht doch durch irgendwelche rätselhaften Umstände verborgen geblieben – mit ihrem Horrorporträt tatsächlich abgefunden hat, kann nur eine Meisterleistung an Indoktrinierung seitens des zur Rede gestellten Autors vermutet werden. Auch die finanzielle Unterstützung, die der Neffe der in sehr bescheidenen Verhältnissen lebenden Tante zukommen läßt, mag ihren Anteil daran haben, daß er für sie bis ans Ende ihrer Tage, wie wir ihren Briefanreden entnehmen, der »liebe gute Ludwig« bleibt. Friederike Thoma, unverheiratet und ohne Beruf, muß vor ihrem Ableben sogar noch um eine »kleine Beisteuer« betteln, weil sie mit den Einzahlungen in die Sterbekasse nicht nachkommt.

Friederike Thomas Sterbejahr 1916 ist in Ludwig Thomas Werkchronik als ein Jahr besonders reicher Schaffenskraft verzeichnet; auch seine Einkünfte können sich seit einiger Zeit sehen lassen. »Tante Friedas« Sorgen um ein ordentliches Begräbnis sind also unbegründet. Und sollte sie dennoch einen letzten Rest an Unfrieden ins Grab mitgenommen haben, so dürfte dieser spätestens an jenem Tag getilgt worden sein, da ihr die Nachwelt mit der Errichtung eines mustergültig schönen Gedenksteins einen zweiten Abschied bereitet, ja geradezu »Unsterblichkeit« bescheinigt hat.

Nils Holgersson und die Folgen
Selma Lagerlöf: »Die wunderbare Reise des kleinen Nils Holgersson mit den Wildgänsen«

Leider sind alle Korrespondenzen, alle Entwürfe, alle Aufzeichnungen verlorengegangen, und ihn selber, den Autor, kann man nicht mehr dazu befragen: Herbert Kranz ist seit 1973 tot. Er hat also sein Geheimnis mit ins Grab genommen: das Geheimnis, wie der *deutsche* Nils Holgersson hätte heißen, mit welcher Art Getier er seine Heimat hätte durchstreifen und welche Abenteuer er dabei hätte bestehen sollen. Es wäre reizvoll, Näheres über die Metamorphose zu erfahren, die dem Schwedenjungen und seinen Wildgänsen im Nachbarland zugedacht war – damals, anno 1930. Doch das Projekt kam nicht zustande: Die Nazis traten ihre Herrschaft an, das vaterländische Kinderbuch hatte von nun an anderen Rezepten zu folgen. Herbert Kranz wurde aus seinem Amt entfernt, Karl Aloys Schenzinger schrieb das Kultbuch der »neuen Zeit«, den Roman »Der Hitlerjunge Quex«

Aber auch als bloße Idee bleibt das Unternehmen so interessant, daß wir noch einige Augenblicke bei ihm verweilen wollen. Herbert Kranz, Jahrgang 1891, gebürtiger Niedersachse, steht am Beginn einer hoffnungsvollen Karriere als Jugendbuchautor. Der promovierte Germanist und Historiker findet nach dem Militärdienst des Ersten Weltkrieges keinen geeigneten Posten, schließlich bringt er sich mit einem Job in der Frankfurter Jugendfürsorge durch. Seine ausgeprägten pädagogischen Neigungen verbinden sich mit einem behenden schriftstellerischen Talent, die »Rhein-Mainische Volkszeitung« überträgt dem Enddreißiger die Redaktion des Kinderblattes »Weg in die Welt«. »Schnucki-Has und Miesemau« heißt seine erste selbständige Buchveröffentlichung, Titel wie »Lampes Wochenendausflug« und »Mit Vollgas« folgen.

Nun werden auch die staatlichen Stellen auf Herbert Kranz aufmerksam: Als Redakteur einer Kinderbeilage der Fachzeitschrift »Volksschule«, die die Lehrer zwischen Aachen und Königsberg mit Unterrichtsmaterial versorgt, macht er seine Sache so gut, daß ihm die Pädagogische Akademie in Halle eine Professur anträgt. Und da die Lesebücher an den preußischen Volksschulen antiquiert und im höchsten Grade reformbedürftig sind, erteilt man ihm den Auftrag, etwas ganz und gar Neues zu schreiben – nach schwedischem Beispiel. Selma Lagerlöfs Kinderbuch »Die wunderbare Reise des kleinen Nils Holgersson mit den Wildgänsen«, das seit 1907 auch in deutscher Übersetzung ein anhaltender Erfolg ist, möge ihm als Muster dienen. Herbert Kranz nimmt den Auftrag an. Doch mit der Machtübernahme durch die Nationalsozialisten wird er im September 1933 aus den Diensten der Akademie entlassen, und damit platzt auch sein »deutscher Nils Holgersson«. Ist es schade darum? Ein Schullesebuch von erklärt epigonalem Charakter? Und mit dem monströsen Auftrag, am Beispiel eines kreuz und quer seine Heimat durchstreifenden Jungen dem jugendlichen Leser sämtliche Regionen Deutschlands nahezubringen, ihre Menschen, ihre Ei-

genarten, ihre Gebräuche, ihre Geschichte? Literatur als
angewandte Heimatkunde?

Vorsicht vor übereilten Urteilen! Falls Sie es noch
nicht wissen sollten: Auf genau diese Weise ist auch
Selma Lagerlöfs »Nils Holgersson« entstanden. Als Auf-
tragswerk der staatlichen Schulbehörde. Als Lesebuch
für die Grundstufe, bis ins kleinste geplant ...

Seit 1842 gibt es im Königreich Schweden Pflichtschul-
unterricht, seit 1868 ein offizielles Volksschullesebuch.
Fortschrittliche Geister qualifizieren es schon bei seinem
Erscheinen als reaktionär ab, manche gar als »nationales
Unglück«; es ist ein kindertümelnd-philanthropisches
Gebräu aus moralisierenden Sinnsprüchen und Fabeln.
Mit dem Aufkommen einer freisinnigen Volksbildungs-
bewegung um die Jahrhundertwende wird also auch der
Ruf nach einem zeitgemäßen Lesebuch lauter und lauter,
der Verband der schwedischen Volksschullehrer nimmt
die Sache in die Hand. Fridtjuv Berg, der spätere Kultus-
minister, und Alfred Dalin, Stadtschulpräsident von
Huskvarna, sind die Wortführer eines eigens zu diesem
Zweck konstituierten Lehrerkomitees.

Was ihnen vorschwebt, ist eine Sammlung von Tex-
ten, die in ihrer Summe ein getreues Abbild Schwedens
geben soll: seiner Landschaften und seiner Menschen,
seiner Geographie und Geologie, seiner Pflanzen- und
Tierwelt, seiner Architektur und Kultur, seiner Glau-
bensüberlieferungen, seiner Sagen und Märchen. Die
Dichterin Selma Lagerlöf, die selber zehn Jahre lang im
Schuldienst gestanden ist und seit ihrem literarischen
Debüt mit dem Roman »Gösta Berling« einen auch in-

Kein deutscher »Nils Holgersson«:
Jugendbuchautor Herbert Kranz

ternational erstklassigen Namen hat, schien ihnen die ideale Persönlichkeit, den kühnen Plan (Arbeitstitel: »Das Buch von Schweden«) in die Tat umzusetzen.

Auf eine erste, noch inoffizielle Anfrage im Jahr 1901 reagiert Frau Lagerlöf zustimmend. Aber sie hat durchaus eigene Vorstellungen von dem Projekt. Nur als eine Art Redakteurin für das zu sammelnde Material zu fungieren, kommt für sie nicht in Frage. Da käme ja wieder nur eine jener Anthologien heraus, die die Kinder dazu zwingen, immerzu von einem Stoffgebiet zum anderen zu springen. Die Dichterin peilt eine zusammenhängende Darstellung an, etwas mit einer durchgehenden Handlung. Keine bloße Aneinanderreihung von Beschreibungen also, sondern eine spannende Kombination aus Belehrung und Unterhaltung, die der schwedischen Schuljugend ihre Heimat in einer Art enzyklopädischer Erzählung nahebringt. Wie sie das im einzelnen bewerkstelligen soll, weiß Selma Lagerlöf freilich zu diesem Zeitpunkt selber noch nicht. Nur eines weiß sie: Der Text muß aus einem Guß sein, keine anderen Autoren können daran »mitwirken«. Das »Komitee« solle ihr lediglich bei der »Materialbeschaffung« behilflich sein: beim Zusammentragen der benötigten Informationen ethnographischer und folkloristischer Natur.

Lehrerverband und Autorin einigen sich; an sämtliche Volksschullehrer des Landes ergeht der Aufruf, heimatkundliche Beiträge über ihre Region anzufertigen und einzusenden. Selma Lagerlöf sichtet das solcherart eingehende Rohmaterial, liest sich ihrerseits in die einschlägige Fachliteratur ein, unternimmt Studienreisen in die ihr bis dato unbekannten Teile Schwedens, vor allem in

den lappländischen Norden, und verschmäht auch keineswegs Anleihen bei der »Konkurrenz«: Das französische Lesebuch »La France en zigzag« von Eudoxie Du-
puis zeigt zwei Kinder, die landauf landab nach ihrem
verschwundenen Vater suchen; der dänische Märchen-
dichter Hans Christian Andersen streift in einem Reise-
buch das Zugvogelthema; einer seiner Epigonen greift es
auf und läßt einen kleinen Jungen auf dem Rücken eines
Schwans nach Norden fliegen; das Wichtelmännchen-
Motiv ist in Strindbergs Märchenspiel »Glücks-Pers
Reise« vorweggenommen. Und den Kunstgriff schließlich, den in einen Däumling verzauberten Jungen Nils in
eine Lebens- und Schicksalsgemeinschaft mit den Wildgänsen treten zu lassen, indem sie ihm die Gabe verleiht,
die Sprache der Tiere zu sprechen und zu verstehen, verdankt Selma Lagerlöf der Vertiefung in das Werk ihres
britischen Kollegen Rudyard Kipling: In einem ihrer
Zwischenberichte an das Stockholmer Lesebuchkomitee
gibt sie mit entwaffnender Offenheit ihrer Hoffnung
Ausdruck, daß ihren Auftraggebern die Geschichten
vom Inderjungen Mowgli, der von den Tieren des
Dschungels aufgezogen wird, unbekannt seien – »damit
Sie keine Vergleiche ziehen können, denn ich bin nicht
imstande, so lustige Tiergeschichten zu schreiben wie
Kipling«

Immerhin: Der flachshaarige Schwedenjunge Nils
Holgersson, der sich vom Tunichtgut zum rechtschaffe-
nen Menschen läutert, hat also ostasiatische Vorfahren,
und seine animalischen Freunde – auch dafür gibt es Be-
lege – entstammen teilweise der Menagerie des berühmten deutschen Zoologen Alfred Brehm.

Ist somit eines der erfolgreichsten Kinderbücher der Welt als Patchwork entzaubert? Nicht einmal die heftigsten Gegner des Projekts – wohl außerstande, einen Abenteuerroman als Schullesebuch zu akzeptieren – haben sich zu einem derart törichten Vorwurf verstiegen. Zoologen beanstandeten dieses und jenes »fehlerhafte« Detail in der Tierbeschreibung, auch Geographen meldeten sich beckmesserisch zu Wort, und manchem Progressiven seiner Zeit mochte die Darstellung der modernen Arbeitswelt in Nils Holgerssons Schweden etwas zu kurz geraten sein. Aber in *einem* waren sich alle einig, Nörgler wie Jubler: daß »Die wunderbare Reise des kleinen Nils Holgersson mit den Wildgänsen«, so wie sie schließlich 1906/07 im Druck erschien, ein Stück unverfälscht schwedische Literatur ist. Vom Genius einer großen Dichterin als etwas vollkommen Eigenständiges kreiert. Der Hinweis auf die Herren Berg und Dalin, die sich noch in der Erstausgabe als Herausgeber hervortun durften, ist längst vom Titelblatt gelöscht. Das gehört für alle Zeiten einer allein: Selma Lagerlöf.

Meister Nagler und der kleine Lisi
Ellis Kaut: »Pumuckl«

Als Mann von fünfzig im vollbesetzten Zugabteil und ohne jede Tarnung den »Pumuckl« zu lesen, schafft Probleme. Noch das geringste sind die Kinder: sie lesen einfach mit. Hier genügt es, sich rücksichtsvoll auf ihre Lesegeschwindigkeit einzustellen, also weder zu früh umzublättern noch zu spät. Das ist eine Sache der Einfühlung, es spielt sich binnen kürzestem ein.

Schwieriger ist es mit den erwachsenen Mitreisenden: Je länger ich das Coupé mit ihnen teile, desto massiver verspüre ich ihr Mißtrauen. Da sind die einen, die mich für einen besonders abgefeimten Schmutzfink halten: einen Porno-Freak, der seinen Schweinekram mit einem betont harmlosen Kinderbuchumschlag drapiert. Ihnen gelüstet nach Entlarvung, Beschlagnahme, Verhaftung. Bei jeder Fahrkartenkontrolle schöpfen sie neue Hoffnung.

Mütter heranwachsender Kinder gehen noch einen Schritt weiter und deuten meine Lektüre als Einstimmung auf geplante Sittlichkeitsattentate: der Verführer Minderjähriger, der sich durch die Vertiefung in Kinderbuchliteratur die Denkweise seiner präsumtiven Opfer zu eigen machen und auf diese Weise strategische Vorteile gewinnen will. Ich merke es daran, wie sie demonstrativ schützend den Arm um ihre Kleinen legen und sich für künftige Steckbriefe die besonderen Kennzeichen meiner äußereren Erscheinung einprägen.

Dann gibt es die Harmloseren, die nachsichtig Mitleidigen, die bei ihrem infantilen Gegenüber auf einen beklagenswerten Fall von Entwicklungsstörung tippen: Mein Gott, der Ärmste ist beim Niveau von Achtjährigen stehengeblieben. Vereinzelt bekomme ich sogar auch Anflüge von Sympathie zu spüren: Das sind die militanten Kulturpessimisten, die aus meiner Buchwahl auf tiefe Verachtung der modernen Literatur schließen und nun auf die kleinste Gelegenheit lauern, sich mit mir in flammendem Protest zu solidarisieren. Bleiben zum Schluß noch die Intelligenzler: Für sie bin ich entweder ein harmloses Mitglied einer kreuzbraven Jugendbuchkommission oder aber ein ganz großer Snob.

Mir ist alles recht: Ich bin zynisch genug, zuzugeben, daß die allgemeine Verunsicherung der Mitreisenden mein Vergnügen an den Pumuckl-Geschichten noch beträchtlich erhöht. Was wird erst sein, wenn bei der Rückreise die Zollbeamten meinen Koffer öffnen und in all dem Pumuckl-Plunder wühlen, den ich von meinem Besuch bei der Autorin mitgebracht habe? Pumuckl-Farbstifte und Pumuckl-Uhren, Pumuckl-Turnschuhe und Pumuckl-Skier? Denn aus der Hörspielreihe und den Büchern, den Schallplatten und den Kassetten, den Theaterstücken und den Fernsehfilmen vom rotschopfigen Kobold Pumuckl ist längst eine Spielzeugindustrie geworden, die ihresgleichen sucht, und Ellis Kaut, die Erfinderin des munteren Hausgeistes, ist nicht nur mit Lizenzgebühren an den unzähligen Produkten beteiligt, sondern hat auch pro Kreation auf drei Musterstücke Anspruch, und da ist sie nur froh, wenn sie für Überzähliges, das sich inzwischen in ihren Kellerregalen türmt, dankbare Abnehmer findet. Ich bin gern ein solcher – wem bereitet es keine Freude, sich auf Jahre hinaus derart bequem mit Geschenkvorräten für seine Nichten und Neffen einzudecken?

München-Obermenzing, wenige Gehminuten vom S-Bahnhof Pasing entfernt. Die Dr.-Böttcher-Straße ist beste Wohngegend, ein so erfolgreicher Buchheld wie der vor fünfundzwanzig Jahren kreierte Pumuckl hat Anspruch auf eine Adresse von Stand. Nur das kleinere der beiden Wandregale in Ellis Kauts Arbeitszimmer fällt deutlich gegen das elegante übrige Interieur ab, und daran wird sich, so versichert mir die Hausfrau, auch in Zukunft nichts ändern. Selbst wenn die Bretter eines Tages total durchgebogen sein und die Kästchen sich vor Altersschwäche kaum noch an der Wand halten werden, wird keiner im Hause Kaut auf den Gedanken kommen, sich ihrer zu entledigen: Als Originalarbeit aus der Werkstatt des Meister-Eder-Urbilds Nagler haben sie den Rang einer Reliquie und genießen somit Denkmalschutz.

1962. Die Münchner Kinderfunkautorin Ellis Kaut, 42 Jahre alt, steht wieder einmal am Beginn eines neuen Projekts. Gerade ist ihre große Erfolgsserie »Musch macht Geschichten« ausgelaufen: Sieben Jahre hat der Bayerische Rundfunk die Dreißig-Minuten-Hörspiele vom sprechenden Kater Musch produziert und ausgestrahlt, und es könnte noch immer weitergehen. Doch Hans Reinhard Müller, den Candida Franck, die Leiterin des Kinderfunks, als Hauptsprecher verpflichtet hat, wechselt das Feld: Er folgt einer Berufung als Theaterintendant nach Freiburg. Also muß etwas Neues her. Nur

– was? Ellis Kaut, die Überstrapazierte, ziert sich: Sie möchte, daß die Last einer neuen Hörspielserie auf mehrere Schultern verteilt wird, denkt an Teamwork. Aber zuguterletzt bleibt der Auftrag doch an ihr hängen.

Redakteurin und Autorin treffen sich zu Besprechungen im Funkhaus. Die Sache will wohlüberlegt sein – schließlich peilt man wieder einen »Dauerbrenner« an, etwas wie Kater Musch.

Im Anfang war das Wort. Das Wort Pumuckl. Ellis Kaut erinnert sich, wie sie vor Jahren mit ihrem Mann, dem Journalisten Kurt Preis, in der Schweiz auf Ski- urlaub gewesen ist. Gemeinsamer Fußmarsch durch tiefverschneiten Wald: Sie vorneweg, er hinterdrein. Immer wenn sie mit ihrer hohen Zipfelmütze die schneebeladenen Äste streift, geht hinter ihr eine Ladung Schnee nieder – ihrem Herzallerliebsten mitten ins Gesicht. Es verdrießt ihn – halb ärgerlich halb scherzhaft weist er seine bessere Hälfte zurecht: »Du bist ein Pumuckl!« Es ist eine spontane Sprachschöpfung – er könnte sie ebensogut einen Flegel schimpfen oder ein Trampeltier. Doch er tut keins von beiden. Einen Pumuckl nennt er sie. Und noch etwas: Er tut es nur dieses eine Mal. Niemals wieder. Aber dieses eine Mal genügt, tut seine Wirkung, bleibt in Ellis Kauts Erinnerung haften. Und taucht nun, beim *brainstorming* im Redaktionszimmer der Kinderfunkredakteurin Candida Franck, wie zufällig wieder aus der Erinnerung auf. Pumuckl – das klingt lustig, damit könnte man vielleicht etwas anfangen. Aber was?

Eine Zwergengeschichte? Frau Franck winkt ab, sie muß an Gartenzwerge denken, die ganze Richtung paßt

ihr nicht. Aber – wie wär's mit einem Kobold? Die neue
Hörspielfigur ist geboren: Jawohl, ein Kobold namens
Pumuckl.

Man einigt sich auf zwei Probesendungen, 250 Mark
das Stück. Die Rundfunkleute sind begeistert, der
Dauerauftrag ist erteilt.

Aber so ein Kobold braucht natürlich einen Partner,
den er mit seinem Schabernack unterhält. Und wieder
kommt Frau Kaut ein Stück persönlicher Erlebniswirk-
lichkeit zu Hilfe: Der gute alte Herr Nagler, der ihr in
seiner Ein-Mann-Werkstatt in der Münchner Innenstadt
ihr Bücherregal gezimmert hat – wäre der nicht genau der
Richtige, den man dem kleinen Schelm zugesellen
könnte? Frau Kaut ist oft genug in dem mickerigen Hin-
terhofbetrieb des ältlich-umständlichen, ein bißchen
kauzigen, immer aber grundanständigen, gutmütigen
(und preiswerten) Schreinermeisters gewesen, um sich
davon zur Heimstatt eines modernen Großstadtkobolds
inspirieren zu lassen, und den Rest würde ihre Phantasie
besorgen. Apropos Phantasie: Sie zu beflügeln, wäre es
da nicht das Beste, sich ab und zu mit den Leuten vom
Kinderfunk zusammenzusetzen und sich mit ihnen in
Gespräche über das weitere Schicksal von »Meister Eder
und seinem Pumuckl« zu verstricken? Man braucht doch
nur seine ganz normalen Alltagserlebnisse zu rekapitu-
lieren – wieviel Stoff häuft sich da im Nu an! Ein Beispiel:
Eines Tages hat Frau Kaut mit dem Münchner Fundbüro
zu tun, und ganz am Rande erfährt sie bei dieser Gelegenheit von einem schmählich enttäuschten Buben, dem
der ihm zustehende Finderlohn vorenthalten geblieben
ist – was für ein exzellentes Thema! Und eines, dem man

»Pumuckl«-Autorin Ellis Kaut als Kind

Ellis Kaut mit selbstgebastelter
Pumuckl-Puppe

auch den gewissen pädagogischen Dreh abgewinnen kann. Denn darauf hat man sich von allem Anfang an festgelegt: Jede Pumuckl-Geschichte muß neben Spaß und Tollerei auch eine mehr oder minder versteckte erzieherische Komponente enthalten.

Mit der Zeit werden Meister Eder und sein Pumuckl ihrer Autorin so vertraut, daß sie das Gefühl hat: »Sie sprechen fast schon von selbst, ich brauche es eigentlich nur noch niederzuschreiben.« In Dialogen zu denken, ist sowieso ihre zweite Natur, seit Ellis Kaut als junges Mädchen Schauspielunterricht genommen und kurze Zeit auch Theater gespielt hat. Später trat dann die Funkarbeit hinzu: »Zwischen 1939 und 1944 hab ich am Münchner Sender sämtliche Jungmädchenrollen und Prinzessinnen gesprochen.«

Daß ihrem Herzen – wenn man Frau Kaut nach ihrer persönlichen Präferenz fragt – die Figur des alten Schreinermeisters näher steht als die des Pumuckl, hat übrigens auch familiäre Gründe: »In den Eder ist auch mancherlei von meinem Vater eingeflossen. Er war die große Liebe meiner Kinderjahre. Wenn man mich gefragt hat, wen ich denn später einmal heiraten wolle, gab's für mich nie eine andere Antwort als ›Natürlich meinen Vater!‹ Wir sind einander auch in vielem ähnlich: Von ihm hab ich die Augen, von ihm das Temperament.« Am Samstag ging man mitsammen regelmäßig ins Hofbräuhaus, im Zimmer Nr. 4 hatte das Vater-Tochter-Gespann seinen Stammplatz. Von daheim nahm sie dann jedesmal eine Schere mit, in dem Schreibwarenladen, an dem sie der Weg vorüberführte, kaufte man Papierzeug ein, und während Vater Kaut, seines Zeichens Prokurist bei einer

Lebensversicherung, seine Maß Bier leerte, gab Tochter
Ellis sich ihren Bastelarbeiten hin. Konfliktreicher verlief das sonntagvormittägliche Weißwurstessen im Fran-
ziskaner: weil es den Appetit aufs häusliche Mittagessen
minderte. Mutters Unwillen versuchte man abzuwen-
den, indem man sich in abgefeimter Vater-Tochter-Ver-
schwörung auf überlange Hochämter im Dom ausre-
dete. Was aber mag wohl der liebe Gott dazu gesagt
haben, daß man der Sonntagspflicht in Wirklichkeit nur
in äußerstem Eiltempo genügte – die asynchronen Meß-
opfer der durchreisenden Priester nutzend, die an einem
Seitenaltar die Opferung, an einem zweiten die Wand-
lung und an einem dritten die Kommunion zelebrierten?

Kein Zweifel: Ellis Kaut war als Kind ein Lausbub in
Mädchenkleidern, und noch heute, obwohl wahrlich
eine Vollfrau mit allen diesbezüglichen Reizen, wird sie
von den Ihren burschikos »der« Lisi gerufen. Im Pumuckl steckt also wohl auch dies und das von ihr selbst.
Soviel zum Stammbaum ihres kleinen Helden.

Serienfiguren haben Tücken: Hat sich der Leser erst
einmal an sie gewöhnt, bleibt ihnen nur noch wenig
Spielraum, sich zu verändern. Das Verhaltensmuster,
das für die ersten Pumuckl-Sendungen entwickelt worden war, blieb also auch für alle weiteren bindend. Hei-
kelstes Problem: Pumuckls Sichtbarkeit. Wann und
wann nein, für wen und für wen nicht – das ging nicht
ohne feste Spielregeln. Sie stehen gleich am Anfang des
ersten Bandes: die »Koboldgesetze« – damit die Leser
sich auskennen und der Autorin kein Verstoß unterläuft.
Kinder sind hellhörig – sie würden es ihr unverzüglich
ankreiden. Aber dank ihres gesunden Hausverstandes

meistert Ellis Kaut auch die kniffligsten Situationen – die
Zuhilfenahme einer Fachbibliothek für Hausgeist-Lite-
ratur wäre ihre Sache nicht. Dissertationen sollen andere
schreiben, sie schreibt Kinderbücher.

Ist Ellis Kaut, was die Figuren ihrer Bücher betrifft,
eine strenge Mutter? Nur nach innen: wo es um die
Zeichnung der Charaktere, um die Abwicklung der
Konflikte geht. Ansonsten führt sie ihren Pumuckl an
betont lockerer Leine: Sie zeigt sich also beispielsweise
einsichtig, wenn man ihn im Sendegebiet des WDR (mit
Rücksicht auf dort ansässig gewordene Ostflüchtlinge,
in deren Ohren das ähnlich klingende Wort »Pomocken«
ein Schmähname ist) auf »Fizzibitz« umtauft; sie läßt
sich davon überzeugen, daß »Frufru« (wie ihr arglos-
keuscher Pumuckl in der griechischen Übersetzung
heißt) dortzulande keinerlei schlüpfrigen Beigeschmack
hat; und auch den Abschlußklaßlern der Akademie, die
der Bayerische Rundfunk beim Start der Serie zu einem
Pumuckl-Zeichenwettbewerb ins Studio einlädt, auf daß
der Prototyp für die künftigen Buchillustrationen kreiert
werde, schaut sie nicht in Oberlehrermanier über die
Schulter. Barbara von Johnson macht das Rennen – und
zwar mit so durchschlagendem Erfolg, daß sie mit ihren
Pumuckl-Tantiemen (ungeachtet der späteren Mitwir-
kung des Ellis-Kaut-Schwiegersohns Brian Bagnall) für
alle Zeiten ausgesorgt hat.

Die Pumuckl-Puppe, die auf dem Schreibtisch der Autorin herumlümmelt, ist übrigens ihr eigenes Werk: Tau-
sendsassa Ellis Kaut hat in jungen Jahren an der Akademie für Bildende Künste in München Bildhauerei und
Malerei studiert. Dennoch beließ sie es bei dieser einma-

ligen Übung für den Hausgebrauch, und heute, wo die
»Pumuckelei« längst die Dimensionen einer weitver-
zweigten Industrie erreicht hat, weiß sie, daß sie recht
daran getan hat, ihre Kraft aufs reine Schreiben zu kon-
zentrieren. Um alles übrige kümmert sich die Agentur –
und das ist mehr als genug. »Merchandising« heißt der
Fachausdruck dafür, auch sie hat ihn erst lernen müssen.
Wenn sie die Regale ihres Musterlagers drunten im Keller abschreitet, wo sich die Pumuckl-Spielsachen aus aller Welt türmen, kommt sie noch immer nicht aus dem
Staunen heraus, und bei einer so klugen und witzigen
Person wie ihr wird diesem Staunen neben allem Stolz
wohl immer auch ein wenig Selbstironie beigemengt
sein.

1962 hat's mit den Pumuckl-Geschichten angefangen,
da muß natürlich einmal Schluß sein. Sie hat inzwischen
anderes geschrieben, plant Neues. Und doch – ganz los-
kommen wird sie von dem unbändigen kleinen Kerl
wohl nie. Da ist von einem zweiten Theaterstück die
Rede (das wird sie machen); da bedrängen sie Kinder bei
einer öffentlichen Veranstaltung mit heiklen Fragen über
Pumuckls Mutter und Pumuckls Zeugung (da zieht sie
sich schlagfertig aus der Affäre); und da verlangen Fans
hartnäckig nach einer Pumuckeline (das lehnt sie ebenso
hartnäckig ab).

Auch Ärger bleibt einer Erfolgsautorin wie Ellis Kaut
nicht erspart: wenn sich in drastischer Verhunzung ihres Sprachstils plötzlich Redewendungen wie »Scheiß-
schule« in eine der Pumuckl-Verfilmungen einschleichen
oder wenn es freche Attacken auf ihr Urheberrecht abzuwehren gilt. Der einzige, der Ellis Kaut in dieser Hin-

sicht wirklich gefährlich werden könnte, wäre jener Wintersportler, dem sie damals vor vielen Jahren beim Skiurlaub in der Schweiz, haufenweise Schnee auf den Kopf plumpsen ließ. Und der sie daraufhin einen »Pumuckl« gescholten hat.

Aber der ist zum Glück ihr geliebter Mann.

Zu dieser Ausgabe

insel taschenbuch 1313
Dietmar Grieser
Die kleinen Helden

Der Text folgt der Ausgabe: Dietmar Grieser, Die kleinen Helden. Kinderbuchfiguren und ihre Vorbilder. Mit 32 Fotos. Albert Langen. Georg Müller Verlag, München. Wien 1987. Lizenzausgabe mit freundlicher Genehmigung des Albert Langen · Georg Müller Verlags, München. Wien.

Umschlagabbildung: Pinocchio: Zeichnung von Attilio Mussino. Pippi Langstrumpf: Zeichnung von Walter Scharnweber auf dem Umschlag des Buches »Pippi Langstrumpf geht an Bord« von Astrid Lindgren © Verlag Friedrich Oetinger, Hamburg 1950; Pumuckl: Zeichnung von Brian Bagnall © Buchagentur München 1991. Nach »Pumuckl« von Ellis Kaut.

Zu den Abbildungen im Text: Deutsches Institut für Filmkunde, Frankfurt: S. 14; Christian Donatsch, Malans: S. 67; Cecilie Dressler Verlag, Hamburg (Titelvignette: Zeichnung von Walter Trier, in: Erich Kästner, Emil und die Detektive. Ein Roman für Kinder. © Atrium-Verlag, Zürich): S. 5; Foto Fetzer, Bad Ragaz: S. 66; Herder Verlag, Freiburg: S. 229; Historisches Museum Frankfurt am Main: S. 141; Monacensia-Abteilung der Stadtbibliothek München: S. 220; Museum Nonnahus, Akureyiri: S. 24; Privat S. 35, 45, 56, 57, 82, 83, 99, 140, 159, 173, 202, 203, 221, 238, 239; Sächsische Landesbibliothek, Dresden: S. 127; Shih, Wien S. 112, 153, 213; Wilhelm-Busch-Museum, Hannover: S. 192, 193.

Kinder- und Bilderbücher
im insel taschenbuch

159/1/10.90

159/2/10.90

Kinder- und Bilderbücher
im insel taschenbuch

Kinder- und Bilderbücher
im insel taschenbuch

159/4/10.90

Kinder- und Bilderbücher
im insel taschenbuch

159/5/10.90

Kinder- und Bilderbücher
im insel taschenbuch

159/6/10.90

Kulturgeschichte
im insel taschenbuch

Kulturgeschichte
im insel taschenbuch